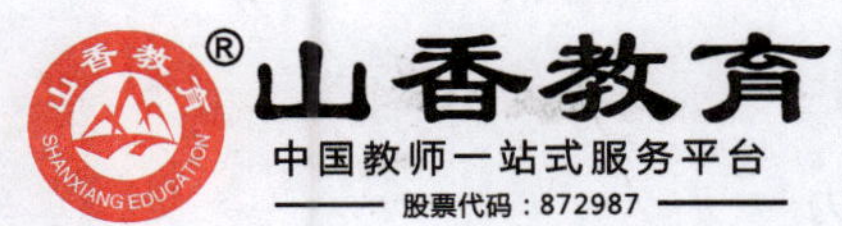

国家教师资格考试

21天通关

教育教学知识与能力

小学

山香教师资格考试命题研究中心 主编

图书在版编目(CIP)数据

国家教师资格考试·21天通关. 教育教学知识与能力. 小学 / 山香教师资格考试命题研究中心主编. --北京 : 首都师范大学出版社, 2018.4(2020.12重印)

ISBN 978-7-5656-4316-3

Ⅰ. ①国… Ⅱ. ①山… Ⅲ. ①小学教师-教学能力-资格考试-自学参考资料 Ⅳ. ①G451.1

中国版本图书馆CIP数据核字(2018)第065781号

国家教师资格考试21天通关

JIAOYU JIAOXUE ZHISHI YU NENGLI XIAOXUE

教育教学知识与能力·小学

山香教师资格考试命题研究中心　主编

策划编辑　张文强

责任编辑　李　梅　王慕飞　　　　封面设计　山香教育

首都师范大学出版社出版发行

地　　址　北京市西三环北路105号

邮　　编　100048

咨询电话　010-68418523(总编室)　　010-68982468(发行部)

网　　址　http://cnupn.cnu.edu.cn

印　　刷　河南黎阳印务有限公司

经　　销　全国新华书店

版　　次　2018年7月第1版

印　　次　2020年12月第3次印刷

开　　本　889mm×1194mm　1/16

印　　张　12

字　　数　238千

定　　价　36.00元

适合的，就是最好的

——教师资格考试指南

一、国家教师资格考试时间安排

按照教育部有关部门的安排，一般情况下，全国每年分上下半年分别组织两次考试，上半年笔试考试时间为 3 月中旬，下半年为 11 月上旬。面试一般在每年的 5 月和次年的 1 月各举行一次。具体时间考生可登录各省（市、自治区）教育部门网站当年最新公告或者中小学教师资格考试网（http://www.ntce.cn）查询。

二、国家教师资格考试科目

<table>
<tr><th colspan="2" rowspan="2">类别</th><th colspan="3">笔试科目</th><th rowspan="2">面试</th></tr>
<tr><th>科目一</th><th>科目二</th><th>科目三</th></tr>
<tr><td colspan="2">幼儿园</td><td>综合素质</td><td>保教知识与能力</td><td>—</td><td>教育教学实践能力</td></tr>
<tr><td colspan="2">小学</td><td>综合素质</td><td>教育教学知识与能力</td><td>—</td><td>教育教学实践能力</td></tr>
<tr><td colspan="2">初级中学</td><td rowspan="5">综合素质</td><td rowspan="5">教育知识与能力</td><td>学科知识与教学能力</td><td>教育教学实践能力</td></tr>
<tr><td colspan="2">高级中学</td><td rowspan="2">学科知识与教学能力</td><td>教育教学实践能力</td></tr>
<tr><td rowspan="2">中职</td><td>文化课教师</td><td>教育教学实践能力</td></tr>
<tr><td>专业课教师</td><td>（试点省自行组织）</td><td>（试点省自行组织）</td></tr>
<tr><td colspan="2">中职实习指导教师</td><td>（试点省自行组织）</td><td>（试点省自行组织）</td></tr>
</table>

注意：1. 初级中学学科知识与教学能力科目为：语文、数学、英语、物理、化学、生物、思想品德、历史、地理、音乐、体育与健康、美术、信息技术、历史与社会、科学等学科。

2. 高级中学、中等职业学校文化课的学科知识与教学能力科目为：语文、数学、英语、物理、化学、生物、思想政治、历史、地理、音乐、体育与健康、美术、信息技术、通用技术等学科。

3. 幼儿园面试不分科目；小学面试科目分语文、数学、英语、社会、科学、音乐、体育、美术、心理健康教育、信息技术、小学全科；中学面试科目与科目三相一致，又增设心理健康教育、日语、俄语。

由于时间和水平有限，本书难免存在一些缺点和错误，敬请广大考生批评、指正。最后，预祝所有考生都能顺利过关！

内容特点与使用说明

明确任务 掌握重点

今日目标

1. 掌握教育的基本形态、本质属性和基本要素。
2. 掌握教育的起源、产生的原因和学校产生的条件。
3. 了解中外古代教育的发展。
4. 掌握中西方萌芽阶段和独立形态阶段的教育思想。
5. 了解中国近现代教育思想和当代教育学理论的新发展。

经验总结 方便备考

温馨提示

孔子的教育思想(尤其是教学原则)及体现其教育思想
单项选择题的形式出现。《学记》的地位、教学原则是常考
现。对于这些识记性的内容,考生应准确记忆掌握。

趣味解读 高效记忆

巧学妙记

学习动机要强化,需要层次马斯洛。
成就动机阿特金,成败归因是韦纳。
塞利格曼无力感,自我效能班杜拉。

经典真题 巩固要点

真题检测

一、单项选择题

1. [2020 下半年]校歌、校徽、校标等是学校课程的一

A. 学科课程　　B. 活动课程　　C. 显性

2. [2020 下半年]在学习《长城》一课时,通过阅读课
万里长城的宏伟和壮观,民族自豪感和爱国之情油然而生
目标是(　　)

A. 知识与技能　　B. 认知

C. 过程与方法　　D. 情感

目 录 Contents

第二阶段　整合提升

考情分析

一、考情解读

《教育教学知识与能力（小学）》作为教师资格考试统考的科目二，主要考查申请教师资格人员的教育基本理论知识、教育教学的能力和教育管理的素养及运用教育理论知识解决实际问题的能力。

教育教学知识与能力考试内容包括教育基础、学生指导、班级管理、学科知识与教学设计、教学实施、教学评价与反思。近年来，教育教学知识与能力呈现出稳中有变、力求创新的特点，彰显了考试命题的科学性和针对性，具体表现如下：

一方面，考试题型基本稳定，分为单项选择题、简答题、材料分析题和教学设计题四个题型。该试卷考试时间为120分钟，总分值为150分。题型、题量、分值具体分布如下：

题型	每题分值	题量	总分	合计
单项选择题	2	20	40	150
简答题	10	3	30	
材料分析题	20	2	40	
教学设计题	40	1	40	

另一方面，每年在基本题型、题量不变的情况下，各模块内知识点分值及考查方向略有变化，且难度逐年增加。例如，简答题每年考查点小且细，令人难以捉摸；教学设计题复杂多变，难度较大。

二、题型分析

（一）单项选择题

单项选择题是教师资格考试必考题型之一，目的是检验学生对所学知识的掌握程度和辨别分析能力，在教育教学知识与能力中主要考查教育基础、学生指导、班级管理、教学实施、教学评价与反思等内容，考查覆盖面广。在历年真题中，单项选择题总题量稳定在20道，所占分值 40 分，约占试卷总分值的 27%。

知识点	2020(下)	2019(下)	2019(上)	2018(下)	2018(上)
教育基础	9	9	9	9	8
学生指导	5	5	5	5	6
班级管理	0	1	1	1	2
教学实施	5	5	4	4	4
教学评价与反思	1	0	1	1	0

(二)简答题

简答题是教师资格考试必考题型之一，目的是检验学生对所学知识的记忆和掌握程度。简答题在教育教学知识与能力中主要考查教育基础、学生指导、班级管理、教学实施。题目涉及广泛，答题知识点明确，较单一，主要考查学生对知识点的记忆。在历年真题中，简答题的题量稳定在 3 道，所占分值为 30 分，占试卷总分值的 20%。考点分布如下：

年份	章名	考点
2020(下)	教育基础	简述教育观察法的基本步骤
	学生指导	简述皮亚杰认知发展理论的教育启示
	班级管理	简述小学班主任对学优生的教育策略
2019(下)	教育基础	简述小学综合实践活动开展的基本步骤
	学生指导	简述维果斯基“最近发展区”理论及其教育启示
	学生指导	简述实施榜样教育的基本要求
2019(上)	教育基础	简述《小学教师专业标准(试行)》中关于教师专业能力的构成
	学生指导	简述人格形成与发展的影响因素
	学生指导	简述小学德育的实施途径
2018(下)	教育基础	《小学教师专业标准(试行)》中“专业知识”维度包括哪些领域
	学生指导	简述影响学生有意注意的因素
	班级管理	简述家校合作的途径

续表

年份	章名	考点
2018(上)	教育基础	调查问卷的问题设计有哪些基本要求
	教育基础	教师建立良好师生关系的基本要求有哪些
	学生指导	简述学习迁移的影响因素

(三)材料分析题

材料分析题是教师资格考试的必考题型之一,主要考查考生对知识点的综合运用能力。材料分析题在教育教学知识与能力中主要考查班级管理、教学实施等,题目范围涉及广泛。在历年真题中,材料分析题共2小题,每小题20分,共40分,占试卷总分值的27%。考点分布如下:

年份	章名	考点
2020(下)	教育基础	新课改的理念
	教学评价与反思	现代教育评价
2019(下)	教育基础	良好师生关系的建立
	教学实施	教学媒体的运用
2019(上)	班级管理	班主任工作的内容与方法
	教学实施	教学原则 开发和利用学生资源的基本要求
2018(下)	教育基础	新课改的理念 “特殊儿童”的教育
	教学实施	小学课堂教学的基本环节
2018(上)	学生指导	小学德育的目标和内容
	教学实施	教学原则 教学过程的基本规律

(四)教学设计题

教学设计题是教师资格考试的必考题型之一,考查方式一般六个科目(语文、数学、英语、音乐、体育与健康、美术)择其一,分值为40分,约占总分值的27%。其中,每个科目下一般设置3个小题。下表为各学科在教学设计题中的历年考点分布。

科目	2020(下)	2019(下)	2019(上)	2018(下)	2018(上)
语文	《我要的是葫芦》	《火烧云》	《惊弓之鸟》	《爬山虎的脚》	《浅水洼里的小鱼》
数学	《统计》	《三角形内角和》	《体积和体积单位》	《整理房间》	《简易方程》
英语	Today is Saturday	Things around us	At the De-partment Store	My day	Children's Day
音乐	《小松树》	《小纸船的梦》	《数鸭子》	《小蜻蜓》	《火车开啦》
体育与健康	《蹲踞式跳远》	《正面下手双手垫球》	《跨越式跳高》	《立定跳远》	《行进间体前变向换手运球》
美术	《诗情画意》	《身边的设计艺术》	《变幻无穷的形象》	《剪对称鱼形》	《动物的脸》

第一阶段　核心基础

（本阶段共16天）

核心基础内容导学

1. 今日目标
2. 核心内容
3. 真题检测

科学表明，如果一个行为或动作能坚持21天，它就会变成一个习惯。好的习惯能让自己受益终身，加油，愿你成为更优秀的自己。

Day 1

教育基础(一)

今日目标

1. 掌握教育的基本形态、本质属性和基本要素。

2. 掌握教育的起源、产生的原因和学校产生的条件。

3. 了解中外古代教育的发展。

4. 掌握中西方萌芽阶段和独立形态阶段的教育思想。

5. 了解中国近现代教育思想和当代教育学理论的新发展。

专题一　教育的产生与发展

考点 1　教育的概念和基本形态　【单选】

1.“教育”一词的由来

“教育”一词最早见于《孟子·尽心上》中的“得天下英才而教育之,三乐也”。许慎在《说文解字》中这样解释:“教,上所施,下所效也”,“育,养子使作善也”。这是关于“教育”一词的最早解释。

2. 教育的概念

教育有广义和狭义之分。

从广义上说,教育泛指增进人的知识与技能、发展人的智力与体力、影响人的思想观念的活动。它包括社会教育、学校教育和家庭教育。从狭义上说,教育主要指学校教育,是教育者依据一定的社会要求,依据受教育者的身心发展规律,有目的、有计划、有组织地对受教育者施加影响,促使其朝着所期望的方向发展变化的活动。

3. 教育的基本形态

根据教育系统所赖以运行的场所或空间标准,可以将教育形态划分为家庭教育、学校教育和社会教育。其中家庭教育具有先导性、生活性、感染性、针对性、终身性等特点。家庭、学校和社会教育的结合称为教育合力。

考点 2　教育的属性和基本要素

1. 教育的属性

教育的本质属性是育人,即教育是一种有目的地培养人的社会活动,这是教育区别于其他事物现象的根本特征，也是教育的质的规定性。此外，教育还具有永恒性、历史性、继承性、长期性、生产性、民族性、相对独立性等社会属性。

2.教育的基本要素

教育的基本要素主要包括教育者、受教育者和教育媒介（教育影响）。

教师是学校教育者的主体，是直接的教育者，在整个教育过程中起主导作用，是学生身心发展的主要影响源。受教育者是教育的对象及学习的主体，是构成教育活动的基本要素。教育媒介包括教育内容、教育方法与组织形式和教育手段等，是教育活动的中介。

考点 3 教育的起源 【单选】

学说	主要理论观点及评价	代表人物
神话起源说	◇教育与其他万事万物一样，都是由人格化的神（上帝或天）所创造的，教育的目的就是体现神或天的意志，使人皈依于神或顺从于天 ◇这是人类关于教育起源的最古老的观点	中国的朱熹
生物起源说	◇教育是一种生物现象，起源于动物界中各类动物的生存本能活动 ◇这是第一个正式提出的有关教育起源的学说，它的提出标志着在教育起源问题上开始转向科学解释，其根本错误在于没有把握人类教育的目的性和社会性	法国社会学家利托尔诺和英国教育学家沛西·能
心理起源说	◇教育起源于日常生活中儿童对成人的无意识模仿 ◇把人类有意识的教育行为混同于无意识模仿，否定了教育活动的目的性和意识性，同样导致了教育的生物学化，否认了教育的社会属性	美国教育学家孟禄
劳动起源说	◇在马克思历史唯物主义理论指导下形成，认为教育起源于人类所特有的生产劳动 ◇提供了理解教育起源和教育性质的一把“金钥匙”	苏联和我国大多数学者

考点 4 教育产生的原因和学校产生的条件 【单选、简答】

1.教育产生的原因

人类对自身生存和发展的需要是教育产生的根本原因，也是教育作为人类社会中具有永恒意义的范畴的根本原因。

2.学校产生的条件

学校是人类社会发展到一定历史阶段的产物，人们一般认为学校产生于奴隶社会时期。学校产生的条件包括：

(1)社会生产水平的提高为学校的产生提供了必要的物质基础。

(2)脑力劳动与体力劳动的分离为学校的产生提供了专门从事教育活动的知识分子。

(3)文字的创造以及社会生产生活知识的大量积累为学校的产生提供了进行教育的工具和内容,以及进行文字教学和传授知识的社会需要。

(4)国家的产生需要专门的教育机构培养维护统治阶级利益的官吏和知识分子。

考点 5 中外古代教育的发展

1. 中国古代教育的发展

这里详细介绍五帝、夏朝、西周、春秋战国、宋朝和清朝时期的教育发展。

时期	学校名称	特点
五帝	成均、庠	我国古代学校的萌芽
夏朝	序、校	我国最早的学校出现
西周	国学、乡学	◇形成了政教合一、“学在官府”(“学术官守”)的官学体系 ◇形成了以“礼乐”为中心的“六艺”(礼、乐、射、御、书、数)教育——学校教育的基本学科
春秋战国	稷下学宫	◇官学衰微,私学兴起,教育的对象由贵族扩大到平民,促成百家争鸣 ◇稷下学宫是养士的缩影,是由官家举办、私家主持的学校,特点是学术自由
宋朝	书院	◇国学:程朱理学 ◇教育内容:“四书五经”。“四书”是《大学》《中庸》《论语》《孟子》的合称;“五经”是《诗》《书》《礼》《易》《春秋》的合称
清朝	学堂	1905年(清光绪三十一年),科举制度被废除

2. 外国古代教育的发展

奴隶社会时期,古印度、古埃及等古代东方国家的教育较为发达,西方以古希腊为代表,出现了雅典教育和斯巴达教育两种教育体系。进入封建社会后,西欧的教育以教会教育和骑士教育为主,这两种教育在欧洲延续了近千年,直到文艺复兴时期,才出现了新的教育思潮——人文主义教育。这里详细介绍古代希腊和中世纪西欧的教育。

地区	教育形式	简介
古代希腊	雅典教育	在西方最早形成体育、德育、智育、美育和谐发展的教育,教育内容比较丰富,教育方法也比较灵活,教育目的是培养有文化、有修养和多种才能的政治家和商人

续表

地区	教育形式	简介
古代希腊	斯巴达教育	以军事体育训练和政治道德灌输为主，教育内容单一，教育方法也比较严厉，其教育目的是培养忠于统治阶级的强悍的军人
中世纪的西欧	教会教育	教会教育的目的是培养教士和僧侣，教育内容是“七艺”，包括“三科”（文法、修辞、辩证法）和“四学”（算术、几何、天文、音乐），而且各科都贯穿神学
	骑士教育	骑士教育的目的是培养封建骑士，教育内容是“骑士七技”，即骑马、游泳、击剑、打猎、投枪、下棋、吟诗

考点 6　20 世纪以后教育的新特点

（1）教育的终身化；（2）教育的全民化；（3）教育的民主化；（4）教育的多元化；（5）教育技术的现代化。

专题二　教育学的产生与发展

考点 7　中国萌芽阶段的教育思想　【单选】

代表	具体要点
孔子	◇我国古代伟大的教育家，教育思想主要体现在《论语》一书中。孔子学说的核心是“仁”和“礼” ◇庶与富是实施教育的先决条件，只有在庶与富的基础上开展教育，才会取得社会成效；在教育对象上，主张“有教无类”；整理修订了《诗》《书》《礼》《乐》《易》《春秋》 ◇教学原则与方法：启发诱导，因材施教，学、思、习、行相结合，温故知新 “不愤不启，不悱不发。举一隅不以三隅反，则不复也”“学而不思则罔，思而不学则殆”“温故而知新，可以为师矣” ◇世界上最早提出启发式教学的教育家，比古希腊教育家苏格拉底提出的“产婆术”早几十年
孟子	“性善论”，这是其教育思想的基础，教育的目的在于“明人伦”
荀子	“性恶论”，认为教育的作用是“化性起伪”，以儒经为教学内容，认为完整的学习过程是闻—见—知—行：“不闻不若闻之，闻之不若见之，见之不若知之，知之不若行之。学至于行之而止矣。行之，明也；明之为圣人”

代表	具体要点
墨子	以“兼爱”“非攻”为思想基础，认为人的知识来源可分为三个方面，即“亲知”“闻知”和“说知”
道家（老子、庄子）	主张“绝学”和“愚民”，认为“绝学无忧”。根据“道法自然”的哲学，道家主张遵循自然原则，任其自然是最好的教育
《学记》	◇收入《礼记》，是中国也是世界教育史上的第一部教育专著，成文大约在战国末期 ◇教学原则：教学相长、尊师重道、藏息相辅、豫时孙摩、启发诱导、长善救失、学不躐等 教学相长：“是故学然后知不足，教然后知困。知不足，然后能自反也；知困，然后能自强也。故曰：教学相长也” 藏息相辅：认为正课学习与课外练习必须兼顾，课内与课外相结合，相互补充 “学不躐等”，即教学要遵循学生心理发展特点，循序渐进

温馨提示

孔子的教育思想（尤其是教学原则）及体现其教育思想的语句是常考知识点，通常以单项选择题的形式出现。《学记》的地位、教学原则是常考点，多以单项选择题的形式出现。对于这些识记性的内容，考生应准确记忆掌握。

考点 8 西方萌芽阶段的教育思想 【单选】

代表	具体要点
苏格拉底	以其雄辩和与青年智者的问答法著名。苏格拉底问答法亦称“产婆术”，分为三步：苏格拉底讽刺、定义、助产术，其实质是一种启发式教学
柏拉图	教育思想集中体现在其代表作《理想国》中，认为教育的最高目标是培养哲学王兼政治家
亚里士多德	◇古希腊百科全书式的哲学家，他秉承了柏拉图的理性说，认为追求理性就是教育的最高目的 ◇教育思想主要体现在他的著作《政治学》中 ◇在教育史上首次提出了“教育遵循自然”的观点，主张按照儿童心理发展的规律对儿童进行分阶段教育，提倡对儿童进行和谐的教育，这些成为后来全面发展教育的思想源泉
昆体良	◇西方教育史上第一个专门论述教育问题的教育家 ◇代表作《雄辩术原理》（《论演说家的教育》或《论演说家的培养》）是西方最早的教育著作，也被誉为古代西方的第一部教学法论著

考点 9 教育学的独立形态阶段的教育思想 【单选】

代表	具体要点
培根	近代实验科学鼻祖，首次提出把教育学作为一门独立的学科，他提出的归纳法为教育学的发展奠定了方法论基础
夸美纽斯	◇其 1632 年出版的《大教学论》是教育学开始形成一门独立学科的标志，该书被认为是近代第一本教育学著作，他也因此被称为“教育学之父” ◇主要教育观点：“泛智”教育，教育适应自然，班级授课制，提出并论证了直观性、系统性、量力性、巩固性和自觉性等教学原则
卢梭	◇坚定的“性善论”者，认为教育的任务应该使儿童“归于自然”，这是其自然主义教育的核心 ◇他的代表作《爱弥儿》宣扬了他的自然和自由教育的思想 ◇他被认为是最先发现了“儿童”的教育家
康德	教育思想主要反映在《康德论教育》一书中。认为“人是唯一需要教育的动物”
裴斯泰洛齐	在西方教育史上，他是第一个明确提出“教育心理学化”口号的教育家
洛克	提出了“白板说”。认为教育的目的是培养绅士，而这种培养只能通过家庭教育，由此提出了“绅士教育论”。他的代表作为《教育漫话》
赫尔巴特	◇被誉为“现代教育学之父”或“科学教育学的奠基人” ◇他的《普通教育学》的出版（1806 年）标志着规范教育学的诞生，同时，这本书也被认为是第一本现代教育学著作 ◇在西方教学史上，第一次提出了“教育性教学”的概念 ◇教学四阶段论，即明了、联合（联想）、系统、方法，后来被发展为五段，即预备、提示、联系、总结、应用。强调系统知识的传授，强调课堂教学的作用，强调教材的重要性，强调教师的权威作用和中心地位，形成了传统教育“课堂中心”“教材中心”“教师中心”的特点 ◇对 19 世纪以后的教育实践和教育思想产生了很大影响，被看作是传统教育理论的代表
杜威	◇其理论是现代教育理论的代表，区别于传统教育的“旧三中心论”，提出了“儿童中心（学生中心）”“活动中心”“经验中心”的“新三中心论” ◇认为教育即生活，教育即生长，教育即经验的改组或改造。还提出“学校即社会” ◇从“教育即生活”中引出他的“教育无目的论”；在经验论的基础上，提出“从做中学” 其教育学说提出以后，西方教育学便出现了以赫尔巴特为代表的传统教育学派和以杜威为代表的现代教育学派的对立局面

考点10 中国近现代教育思想 【单选】

代表	具体要点
蔡元培	◇我国近代著名的民主革命家和教育家,毛泽东评价他为“学界泰斗,人世楷模” ◇“五育并举”的教育方针,即军国民教育、实利主义教育、公民道德教育、世界观教育和美感教育 ◇教育独立思想:(1)教育经费独立;(2)教育行政独立;(3)教育学术和内容独立;(4)教育脱离宗教而独立
黄炎培	我国职业教育的先驱。他提出“使无业者有业,使有业者乐业”的职业教育目的
晏阳初	◇被誉为“国际平民教育之父” ◇提出“四大教育”“三大方式”(“四大教育”即文艺教育、生计教育、卫生教育和公民教育,“三大方式”即学校式、家庭式和社会式)
梁漱溟	主张“创造新文化,救活旧农村”,认为中国的建设问题归根结底是“乡村建设”
陶行知	◇毛泽东称颂他为“伟大的人民教育家”,宋庆龄赞誉他为“万世师表” ◇提出了生活教育理论,认为“生活即教育”“社会即学校”“教学做合一” ◇提出教师的责任不在教,而在教学,在教学生学,强调道德是做人的根本

考点11 当代教育学理论的新发展 【单选】

<table>
<tr><th>代表</th><th colspan="2">具体要点</th></tr>
<tr><td>布鲁纳</td><td>美国教育家,在《教育过程》一书中提出“结构教学论”,倡导发现法</td><td rowspan="3">现代教学理论的三大流派</td></tr>
<tr><td>赞可夫</td><td>◇苏联教育家,著有《教学与发展》一书
◇提出了发展性教学理论的五条教学原则,即高难度、高速度、理论知识起主导作用、理解学习过程、使所有学生包括“差生”都得到一般发展的原则</td></tr>
<tr><td>瓦·根舍因</td><td>德国教育家,创立了范例教学理论</td></tr>
<tr><td>布卢姆</td><td colspan="2">著有《教育目标分类学》,提出了掌握学习理论。在其教育目标分类系统中将教育目标分为认知、情感和动作技能三大领域</td></tr>
<tr><td>巴班斯基</td><td colspan="2">◇著有《教学过程最优化》,提出了教学过程最优化理论
◇认为应该把教学看作一个系统,从系统的整体与部分之间、部分与部分之间,以及系统与环境之间的相互联系、相互作用之中考察教学,以便最优处理教育问题</td></tr>
</table>

续表

代表	具体要点
苏霍姆林斯基	◇著有《给教师的一百条建议》《把整个心灵献给孩子》《帕夫雷什中学》等书 ◇其教育理论的核心内容是人的全面和谐发展教育思想

巧学妙记▸ 现代教学理论的三大流派：布结构、赞发展、瓦范例。

真题检测

一、单项选择题

1. [2020 下半年]“子曰：自行束脩以上，吾未尝无诲焉。”《论语》中这句话体现的教育思想是(　　)

A. 启发诱导　　B. 因材施教
C. 有教无类　　D. 诲人不倦

2. [2019 下半年] 倡导经验课程，并主张以主动作业形式实施这种课程的教育家是(　　)

A. 卢梭　　B. 杜威　　C. 泰勒　　D. 布鲁纳

3. [2018 下半年] 明确指出教学就是阐明“把一切事物教给一切人类的全部艺术”的著作是(　　)

A. 赫尔巴特的《普通教育学》　　B. 卢梭的《爱弥儿》
C. 夸美纽斯的《大教学论》　　D. 洛克的《教育漫话》

4. [2018 下半年] 巴班斯基认为，应该把教学看作一个系统，从系统的整体与部分之间、部分与部分之间以及系统与环境之间的相互联系、相互作用之中设计教学。这一教学理论称为(　　)

A. 教学环境最优化　　B. 教学内容最优化
C. 教学过程最优化　　D. 教学方法最优化

5. [2017 下半年] 在西方近现代教育史上，被认为最先发现了“儿童”的教育家是(　　)

A. 杜威　　B. 卢梭　　C. 康德　　D. 洛克

6. [2017 下半年] 陶行知先生指出“先生的责任不在教，而在教学，在教学生学”“教的法子必须根据学的法子”，故而将“教授法”改为“教学法”。这一改动所体现的教学理念是(　　)

A. 教学合一　　B. 言行合一　　C. 学做合一　　D. 教做合一

二、简答题

7. [2015 下半年] 简述学校成立的基本条件。

21天通关·核心基础

参考答案及解析

一、单项选择题

1.C [解析]本题考查孔子的教育思想。《论语》中孔子的这句话可译为:只要是主动带着一束干肉前来求教,我没有不给予教诲的。这说明孔子在教育对象上一律平等对待,没有贫富贵贱的区别,体现了孔子有教无类的教育思想。

2.B [解析]本题考查杜威的教育思想。杜威是现代教育学派的代表人物,他提出"从做中学",要求以活动性、经验性的主动作业取代传统的书本式教材的统治地位。从题干"经验课程""主动作业"可以判断这是杜威的观点。

3.C [解析]本题考查教育学的独立形态阶段各代表人物的著作。1632年夸美纽斯出版的《大教学论》是教育学开始形成一门独立学科的标志,在此书中他提出了"泛智"教育思想,探讨"把一切事物教给一切人类的全部艺术"。

4.C [解析]本题考查教学过程最优化理论。教学过程最优化是苏联教育家巴班斯基提出的教学理论和方法。他认为,应该把教学看作一个系统,从系统的整体与部分之间、部分与部分之间以及系统与环境之间的相互联系、相互作用之中考察教学,以便最优处理教学问题。巴班斯基将现代系统论的方法引进教学论的研究,是对教学论科学化的新探索。

5.B [解析]本题考查教育学的独立形态阶段各教育家的思想。卢梭在《爱弥儿》里最早提出不要把儿童当作"小大人",他被认为是最先发现了"儿童"的教育家。

6.A [解析]本题考查陶行知的教育思想。陶行知先生这句话的意思是教师不仅要向学生传授知识,还要教会学生学习,这体现了要将教师的教和学生的学相结合,即教学合一。

二、简答题

7.[参考答案](1)社会生产水平的提高为学校的产生提供了必要的物质基础;

(2)脑力劳动与体力劳动的分离为学校的产生提供了专门从事教育活动的知识分子;

(3)文字的创造以及社会生产生活知识的大量积累为学校的产生提供了进行教育的工具和内容,以及进行文字教学和传授知识的社会需要;

(4)国家的产生需要专门的教育机构培养维护统治阶级利益的官吏和知识分子。

教育基础(二)

今日目标

1. 掌握教育与政治经济制度、文化的关系。
2. 掌握影响个体身心发展的主要因素。
3. 了解教育目的的确立理论和依据。
4. 掌握马克思关于人的全面发展学说。
5. 掌握现代学校教育制度的类型、我国学制的发展。
6. 了解义务教育制度的相关内容。

专题一　教育与社会的发展

考点 1　教育与政治经济制度 【单选】

教育与政治经济制度是相互制约的关系,一定的社会政治经济制度影响和制约着教育,而教育又对社会政治经济制度产生一定的影响和作用。

1. 社会政治经济制度对教育发展的影响和制约

社会政治经济制度决定教育的性质。(1)社会政治经济制度决定教育的领导权;(2)社会政治经济制度决定受教育权;(3)社会政治经济制度决定教育目的;(4)社会政治经济制度决定着教育内容的取舍;(5)社会政治经济制度决定着教育体制;(6)社会政治经济制度制约教育的改革与发展;(7)教育相对独立于政治经济制度。

2. 教育对社会政治经济制度的影响(教育的政治功能)

(1)教育培养出政治经济制度所需要的人才;(2)教育通过传播思想、形成舆论作用于一定的政治经济制度;(3)教育促进民主化进程,但对政治经济制度不起决定作用。

考点 2　教育与生产力水平

1. 生产力对教育发展的影响和制约

(1)生产力的发展水平制约着教育发展的规模和速度;(2)生产力的发展水平制约着教育结构的变化;(3)生产力的发展水平制约着教育的内容、方法与手段;(4)生产力的发展水平制约着学校的专业设置;(5)教育相对独立于生产力的发展水平。

2. 教育对生产力的促进作用(教育的经济功能)

(1)教育再生产劳动力;(2)教育再生产科学知识。

考点 3 教育与科学技术

1. 科学技术对教育发展的影响和制约

科学技术对教育的影响,首先表现为对教育的动力作用。具体地说,科技对教育的作用有:(1)科学技术能够改变教育者的观念;(2)科学技术能够影响受教育者的数量和教育质量;(3)科学技术能够影响教育的内容、方法和手段;(4)科学技术影响教育技术。

2. 教育对科学技术发展的作用(教育的科技功能)

(1)教育能完成科学知识再生产;(2)教育推进科学的体制化;(3)教育具有科学研究的功能;(4)教育促进科研技术成果的开发利用。

考点 4 教育与文化 【单选、简答】

1. 文化对教育发展的影响和制约

(1)文化观念影响教育观念;(2)文化对教育具有价值定向作用;(3)文化发展促进学校课程的发展;(4)文化影响教育目的的确立;(5)文化影响教育内容的选择;(6)文化影响教育教学方法的使用。

2. 教育对文化发展的促进作用(教育的文化功能)

(1)教育能够传承文化。文化的传承是文化得以延续和发展的基本前提。教育传承文化的功能有三种主要表现形式:传递、保存、活化。(2)教育能够改造文化(选择和整理、提升文化)。(3)教育能够传播、交流和融合文化。(4)教育能够更新和创造文化。

专题二 教育与人的发展

考点 5 影响个体身心发展的主要因素 【单选、简答】

因素	概述
遗传	◇也叫遗传素质,是指从上一代继承下来的生理解剖上的特点,如机体的形态、结构以及器官和神经系统的特征等 ◇人的身心发展的物质前提

因素	概述
环境	◇环境为个体的发展提供了多种可能 ◇环境是推动人身心发展的动力，是人的身心发展的现实基础 ◇人在接受环境影响和作用时，不是消极的、被动的 典例："近朱者赤，近墨者黑""蓬生麻中，不扶而直""孟母三迁"
教育（学校教育）	◇对人的身心发展起主导作用和促进作用 ◇在人的发展中起主导作用的原因：(1)学校教育是有目的、有计划、有组织地培养人的活动；(2)学校有专门负责教育工作的教师，相对而言效果较好；(3)学校教育能有效地控制和协调影响学生发展的各种因素 ◇对人身心发展的促进作用表现为促进个体个性化与个体社会化两方面
个体主观能动性	◇从活动水平角度看，个体主观能动性由三个层次构成：第一层次是人作为生命体进行的生理活动，第二层次是个体的心理活动，最高层次是社会实践活动 ◇人的身心发展的内在动力，也是促进个体发展从潜在的可能状态转向现实状态的决定性因素 典例："同流而不合污""出淤泥而不染""威武不能屈"

温馨提示

影响个体身心发展的主要因素是易考点，常以单项选择题、简答题的形式考查，考生需对各影响因素的表现加以区分并准确识记。

考点6 个体身心发展的动因

1. 内发论（遗传决定论）

内发论强调内在因素，如"需要""成熟"；强调人的身心发展的力量主要源于人自身的内在需要；强调遗传在人的发展中的决定作用。其代表人物有孟子、弗洛伊德、威尔逊、高尔顿、格塞尔、霍尔等。

2. 外铄论（环境决定论）

外铄论强调教育的价值，对教育的作用持乐观的态度，关注的重点是学习。该观点认为个体心理发展的实质是环境影响的结果，环境影响决定个体心理发展的水平和形式。其主要代表人物有荀子、洛克、华生等。

3. 多因素相互作用论（共同作用论）

该观点认为人的实践是推动人的发展的主要原因，发展既是人的内在需要与潜能的表现，又是在一定的外部环境刺激下，发生并作用于外部环境的过程。

专题三　教育目的

考点 7　教育目的的概念和作用

1. 教育目的的概念

教育目的是国家对培养人的总的要求，它规定着人才的质量和规格，对教育工作具有全程性的指导作用。教育目的是整个教育工作的方向，是一切教育工作的出发点。教育目的的实现是教育活动的归宿。

2. 教育目的的作用

（1）导向作用；（2）激励作用；（3）评价作用。

考点 8　有关教育目的确立的理论 【单选】

理论	代表人物	基本观点
社会本位论	荀子 赫尔巴特 柏拉图 孔德 涂尔干 凯兴斯泰纳	（1）从社会发展需要出发，注重教育的社会价值 （2）主张教育的目的是培养合格公民和社会成员 （3）教育是国家的事业 （4）评价教育要看其对社会的发展贡献的指标
个人本位论	卢梭 孟子 福禄贝尔 裴斯泰洛齐	（1）从个体本能需要出发，强调教育要服从人的成长规律和满足人的需要 （2）注重教育对个人的价值 （3）主张教育的目的是培养“自然人”，发展人的个性，增进人的价值，促使个人自我实现
生活本位论	斯宾塞	教育要为完满的生活做准备
教育无目的论	杜威	教育的过程，在它自身以外没有目的，它就是它自己的目的

考点 9　教育目的的确立依据

（1）特定的社会政治、经济、文化背景。

（2）人的身心发展特点和需要。

(3)人们的教育理想。

(4)我国确立教育目的的理论依据是马克思关于人的全面发展学说。

考点10 马克思关于人的全面发展学说 【单选】

马克思关于人的全面发展学说的内容主要有以下几点:

(1)人的全面发展。所谓人的全面发展是指人的劳动能力,即人的体力和智力的协调发展。

(2)旧式分工造成了人的片面发展。

(3)机器大工业生产为人的全面发展提供了基础和可能。

(4)社会主义制度是实现人的全面发展的社会条件。

(5)教育与生产劳动相结合是"造就全面发展的人的唯一方法"。

温馨提示

马克思关于人的全面发展学说的内容是常考点,多以单项选择题的形式出现。其中,人的全面发展的内涵、实现人全面发展的条件与途径是重点内容,考生需准确掌握。

考点11 我国的教育目的

1. 我国教育目的的基本精神

(1)我们要求培养的人是社会主义事业的建设者和接班人,因此要坚持思想政治道德素质与科学文化知识能力的统一。

(2)我们要求学生在德、智、体等方面全面发展,要求坚持脑力劳动与体力劳动两方面的和谐发展。

(3)适应时代发展的要求,强调学生个性的发展,培养学生的创造精神和实践能力。

(4)教育与生产劳动相结合,是实现我国教育目的的根本途径。

(5)注重提高全民族素质。

2. 我国全面发展教育的基本构成

全面发展的教育由德育、智育、体育、美育和劳动技术教育构成。

体育是各育实施的物质前提,是人的一切活动的基础;智育是各育实施的认识基础,是智力支持;德育是各育实施的方向统帅和动力源泉;美育协调各育发展;劳动技术教育是各育的实践基础。它们相互依存、相互促进、相互制约,构成一个有机整体,共同促进人的全面发展。

专题四 学校教育制度

考点12 学校教育制度的概念

广义的教育制度指国民教育制度,是一个国家为实现其国民教育目的,从组织系统上建立起来的一切教育设施和有关规章制度的总和。

狭义的教育制度指学校教育制度,简称学制,是一个国家各级各类学校的总体系,具体规定各级各类学校的性质、任务、要求、入学条件、修业年限及它们之间的相互关系。学校教育制度是国民教育制度的核心与主体,体现了一个国家国民教育制度的实质。

考点13 现代学校教育制度的类型

现代学制最早出现在欧洲,主要有三种类型:一是双轨制,二是单轨制,三是分支型学制。

1. 双轨制

双轨制以英国为典型代表,这种学制的学校系统分为两轨:一轨是学术教育,为特权阶层子女所占有;另一轨是职业教育,为劳动人民的子弟所开设。两轨之间互不相通,互不衔接。这种学制不利于教育的普及。

2. 单轨制

单轨制是从小学直至大学、形式上任何儿童都可以入学的学制。这种学制有利于教育的普及,但教育参差不齐、效益低下、发展失衡,同级学校之间教学质量相差较大。美国的学制是单轨制。

3. 分支型学制

分支型学制是介于双轨学制和单轨学制之间的学制,也被称为中间型学制或"Y"型学制。苏联学制属于分支型学制。我国现行学制是从单轨学制发展而来的分支型学制。目前,我国义务教育阶段根据实际情况设置"六三制"(小学六年,初中三年)、"五四制"(小学五年、初中四年)和"九年一贯制"。

考点14 旧中国学制 【单选】

学制	概述
1902年的"壬寅学制"(未实行)	◇以日本的学制为蓝本,由管学大臣张百熙起草,也称《钦定学堂章程》 ◇中国近代教育史上最早由国家正式颁布的学制系统

续表

学制	概述
1904 年的“癸卯学制”（实行新学制的开端）	◇以洋务派“中学为体，西学为用”的教育思想为指导，以读经尊孔为教育宗旨 ◇中国实施的第一个近代学制 ◇是中国近代教育史上首次纳入师范教育并实施的学制
1912～1913 年的“壬子癸丑学制”	◇第一次规定男女同校，废除读经，充实了自然科学的内容，并将学堂改为学校 ◇中国教育史上第一个具有资本主义性质的学制
1922 年的“壬戌学制”	◇以美国学制为蓝本，规定小学六年，初中三年，高中三年。又称“新学制”或“六三三学制” ◇新学制的颁布和实施，标志着中国资产阶级教育制度的确立

考点 15 义务教育制度【单选】

1. 义务教育的特点

义务教育是强迫教育，具有强制性、普及性（普遍性）、免费性、公共性、基础性、民主性等特点。

公共性的实质就是平等地占有资源，平等是最大的公平。教育资源属全社会共有，人人都有受教育权、获取教育资源的权利。民主性要求全社会不论贵贱等级，不分男女，不管肤色和种族，所有的适龄儿童都有权利进学校受教育。

2. 义务教育在中国的发展

1985 年颁布的《中共中央关于教育体制改革的决定》规定把发展基础教育的责任交给地方，有步骤地实行九年制义务教育。

1986 年 4 月，第六届全国人大第四次会议通过了《中华人民共和国义务教育法》，以国家立法形式正式确立我国实行九年义务教育制度，标志着我国义务教育制度的确立。

真题检测

一、单项选择题

1. [2019 下半年]“玉不琢，不成器；人不学，不知道。是故古之王者，建国君民，教学为先。”《学记》中的这句话反映了（　　）

A. 教育与经济的关系　　B. 教育与文化的关系

C. 教育与政治的关系　　D. 教育与科技的关系

2. [2019 下半年]义务教育的基本特征主要包括(　　)

①强制性　②普遍性　③公共性　④选择性　⑤终身性

A. ①②③　　B. ①②④　　C. ①③⑤　　D. ②③④

3. [2019 上半年]马克思主义经典作家关于人的全面发展的基本含义是指(　　)

A. 德智体美劳全面发展　　B. 人的身心全面发展

C. 人的劳动能力全面发展　　D. 人的独立个性全面发展

4. [2019 上半年]英国哲学家洛克提出"白板说",认为外部的力量决定了人的发展。这种观点属于(　　)

A. 外铄论　　B. 内发论　　C. 多因素论　　D. 相互作用论

5. [2019 上半年]《中华人民共和国义务教育法》颁布的时间是(　　)

A. 1983 年　　B. 1986 年　　C. 1993 年　　D. 2006 年

6. [2018 下半年]我国教育史上首次纳入师范教育并实施的学制是(　　)

A. "癸卯学制"　　B. "五四三学制"

C. "壬寅学制"　　D. "六三三学制"

7. [2017 下半年]近年来,越来越多的"一带一路"沿线国家留学生来我国学习,并把中国文化带回他们自己的祖国,这反映了教育具有(　　)

A. 文化传承功能　　B. 文化创造功能

C. 文化更新功能　　D. 文化传播功能

8. [2016 上半年]"近朱者赤,近墨者黑。"这说明在人的身心发展中起决定作用的因素是(　　)

A. 遗传　　B. 环境　　C. 个性差异　　D. 个人努力

9. [2015 上半年]下列属于学校教育制度内容的是(　　)

A. 修业年限　　B. 教学大纲　　C. 课程标准　　D. 课程设置

二、简答题

10. [2017 上半年]简述主观能动性在个体发展中的作用。

11. [2016 下半年]简述现代学校教育制度的类型。

参考答案及解析

一、单项选择题

1. C　[解析]本题考查教育与社会政治经济制度的关系。《学记》中这句话的意思是:玉石不经雕琢,就不能变成好的器物;人不经过学习,就不会明白道理。所以古代仁君圣王,建立国家,统治人民,一定要把教育放在首要地位。这句话表明教育能够教会人们道理,向人们传输一定的政治思想,帮助统治者更好地统治人民,这体现了教育的政治功能,反映的是教育与政治的关系。

2. A [解析]本题考查义务教育的基本特征。义务教育具有强制性、普及性(普遍性)、免费性、公共性、基础性、民主性等特点。

3. C [解析]本题考查马克思主义关于人的全面发展的基本含义。马克思主义关于人的全面发展的基本含义是指人的劳动能力的全面发展,即人的体力和智力的协调发展。

4. A [解析]本题考查个体身心发展的动因。外铄论认为个体心理发展的实质是环境影响的结果,环境影响决定个体心理发展的水平和形式。洛克的"白板说"强调外部力量对人的发展的决定作用,这一观点属于外铄论。

5. B [解析]本题考查《中华人民共和国义务教育法》的颁布时间。《中华人民共和国义务教育法》于1986年4月12日由第六届全国人民代表大会第四次会议通过,并于1986年7月1日起施行。

6. A [解析]本题考查我国学制的发展。"癸卯学制"以普通教育为主干,分为纵向三段七级、横向三类。横向三类学校是:(1)普通教育;(2)实业教育;(3)师范教育。"癸卯学制"是中国近代教育史上首次纳入师范教育并实施的学制。

7. D [解析]本题考查教育的文化功能。教育通过传播文化,使不同国家和民族的文化相互交流、交融,促进文化的优化和发展。题干中"一带一路"沿线国家的留学生把我国文化带回他们自己的国家,体现了教育传播文化的功能,即教育的文化传播功能。

8. B [解析]本题考查影响个体身心发展的主要因素。"近朱者赤,近墨者黑"强调的是环境在人的身心发展中的决定作用。

9. A [解析]本题考查学校教育制度的概念。学校教育制度简称学制,是一个国家各级各类学校的总体系,具体规定各级各类学校的性质、任务、要求、入学条件、修业年限以及它们之间的相互关系。

二、简答题

10. [参考答案]个体的主观能动性是人的一种内在需要,是一种寻求发展的积极动机和渴望。所以,个体的主观能动性是人的身心发展的内在动力,也是促进个体发展从潜在的可能状态转向现实状态的决定性因素。

11. [参考答案]现代学校教育制度主要有三种类型:一是双轨学制,二是单轨学制,三是分支型学制。

Day 3 教育基础(三)

今日目标

1. 了解我国小学教育的特点与任务。

2. 了解教师职业的角色和教师专业发展的内容。

3. 掌握习近平总书记对广大教师的最新要求和教师劳动的特点。

4. 掌握《小学教师专业标准(试行)》的基本内容和师生关系的相关内容。

5. 了解教育科学研究的基本过程。

6. 掌握教育科学研究的方法。

专题一　我国的小学教育

考点1　小学教育的特点

小学教育的特点可以概括为启蒙性、基础性、义务性、全民性、全面性、活动性和趣味性。

考点2　小学教育的任务

小学教育是基础教育,既是各级各类学校教育的基础,也是个体身心健康发展的基础。所以,小学教育的根本任务就是打好基础。

专题二　学生与教师

考点3　学生的特点

1. 学生是教育的对象

从教师方面看,教师是教育过程的组织者、领导者,学生是教师教育实践活动的作用对象,是被教育者、被组织者和被领导者。从学生自身特点看,学生具有可塑性、依赖性和向师性。

2. 学生是自我教育和发展的主体

学生是具有主观能动性的人,主要表现在:(1)自觉性;(2)独立性;(3)创造性。

3. 学生是发展中的人

学生具有很大的发展可能性与可塑性。

考点 4 教师职业的角色

教师是学校教育工作的主要实施者,根本任务是教书育人。

教师职业的最大特点在于职业角色的多样化,包括:(1)传道者的角色;(2)授业解惑者的角色;(3)示范者的角色(榜样角色);(4)教育教学活动的设计者、组织者和管理者的角色;(5)朋友的角色;(6)研究者的角色;(7)学生学习的促进者。

考点 5 习近平总书记对广大教师的最新要求

习近平总书记在系列讲话中,对广大教师提出了明确指示和要求,要求广大教师要争做"四有好老师",做学生的"四个引路人",教育工作要做到"四个相统一"。

(1)"四有好老师":有理想信念、有道德情操、有扎实学识、有仁爱之心。

(2)"四个引路人":做学生锤炼品格的引路人,做学生学习知识的引路人,做学生创新思维的引路人,做学生奉献祖国的引路人。

(3)"四个相统一":坚持教书和育人相统一,坚持言传和身教相统一,坚持潜心问道和关注社会相统一,坚持学术自由和学术规范相统一。

考点 6 教师劳动的特点 【单选】

特点	概述
复杂性	主要表现在:(1)教育目的的全面性;(2)教育任务的多样性;(3)劳动对象的差异性
创造性	主要表现在:(1)因材施教;(2)教学方法上的不断更新;(3)教师需要"教育机智"
连续性	时间的连续性,教师要不断了解学生的过去与现状,预测学生的发展与未来
广延性	空间的广延性,教师没有严格界定的劳动场所
长期性	人才培养的周期比较长,教育的影响具有迟效性
间接性	教师的劳动并没有直接服务于社会,或直接贡献于人类的物质产品和精神产品
主体性	教师自身可以成为活生生的教育因素和具有影响力的榜样
示范性	教师的言行举止,如人品、才能、治学态度等都会成为学生学习的对象

教育机智是指教师能根据学生新的特别是意外的情况,迅速而正确地作出判断,随机应变地采取及时、恰当而有效的教育措施解决问题的能力。

考点 7 教师专业发展(教师专业成长)

1.教师专业发展的内容

(1)专业理想的建立;(2)专业态度和动机的完善;(3)专业知识的拓展与深化;(4)专业能力的提高;(5)教师的专业人格;(6)专业自我的形成。

2.教师专业发展的阶段

福勒和布朗根据教师的需要和不同时期所关注的焦点问题,把教师的成长划分为关注生存、关注情境和关注学生三个阶段。

处于关注生存阶段的一般是新教师。能否自觉关注学生是衡量一个教师是否成熟的重要标志之一。

3.教师专业发展的途径与方法

(1)观摩和分析优秀教师的教学活动;(2)开展微格教学;(3)进行专门训练;(4)进行教学反思。

布鲁巴奇等人于1994年提出了四种反思的方法:(1)反思日记;(2)详细描述;(3)交流讨论;(4)行动研究。

美国教育心理学家波斯纳提出了教师成长的公式:经验+反思=成长。

考点 8 《小学教师专业标准(试行)》的基本内容 【单选、简答】

维度	领域	基本要求
专业理念与师德	(一)职业理解与认识	1.贯彻党和国家教育方针政策,遵守教育法律法规 2.理解小学教育工作的意义,热爱小学教育事业,具有职业理想和敬业精神 3.认同小学教师的专业性和独特性,注重自身专业发展 4.具有良好职业道德修养,为人师表 5.具有团队合作精神,积极开展协作与交流
	(二)对小学生的态度与行为	6.关爱小学生,重视小学生身心健康,将保护小学生生命安全放在首位 7.尊重小学生独立人格,维护小学生合法权益,平等对待每一个小学生。不讽刺、挖苦、歧视小学生,不体罚或变相体罚小学生 8.信任小学生,尊重个体差异,主动了解和满足有益于小学生身心发展的不同需求 9.积极创造条件,让小学生拥有快乐的学校生活

续表

维度	领域	基本要求
专业理念与师德	（三）教育教学的态度与行为	10. 树立育人为本、德育为先的理念，将小学生的知识学习、能力发展与品德养成相结合，重视小学生全面发展 11. 尊重教育规律和小学生身心发展规律，为每一个小学生提供适合的教育 12. 引导小学生体验学习乐趣，保护小学生的求知欲和好奇心，培养小学生的广泛兴趣、动手能力和探究精神 13. 引导小学生学会学习，养成良好学习习惯 14. 尊重和发挥好少先队组织的教育引导作用
	（四）个人修养与行为	15. 富有爱心、责任心、耐心和细心 16. 乐观向上、热情开朗、有亲和力 17. 善于自我调节情绪，保持平和心态 18. 勤于学习，不断进取 19. 衣着整洁得体，语言规范健康，举止文明礼貌
专业知识	（五）小学生发展知识	20. 了解关于小学生生存、发展和保护的有关法律法规及政策规定 21. 了解不同年龄及有特殊需要的小学生身心发展特点和规律，掌握保护和促进小学生身心健康发展的策略与方法 22. 了解不同年龄小学生学习的特点，掌握小学生良好行为习惯养成的知识 23. 了解幼小和小初衔接阶段小学生的心理特点，掌握帮助小学生顺利过渡的方法 24. 了解对小学生进行青春期和性健康教育的知识和方法 25. 了解小学生安全防护的知识，掌握针对小学生可能出现的各种侵犯与伤害行为的预防与应对方法
	（六）学科知识	26. 适应小学综合性教学的要求，了解多学科知识 27. 掌握所教学科知识体系、基本思想与方法 28. 了解所教学科与社会实践、少先队活动的联系，了解与其他学科的联系

续表

维度	领域	基本要求
专业知识	（七） 教育教学知识	29. 掌握小学教育教学基本理论 30. 掌握小学生品行养成的特点和规律 31. 掌握不同年龄小学生的认知规律和教育心理学的基本原理和方法 32. 掌握所教学科的课程标准和教学知识
	（八） 通识性知识	33. 具有相应的自然科学和人文社会科学知识 34. 了解中国教育基本情况 35. 具有相应的艺术欣赏与表现知识 36. 具有适应教育内容、教学手段和方法现代化的信息技术知识
专业能力	（九） 教育教学设计	37. 合理制定小学生个体与集体的教育教学计划 38. 合理利用教学资源，科学编写教学方案 39. 合理设计主题鲜明、丰富多彩的班级和少先队活动
	（十） 组织与实施	40. 建立良好的师生关系，帮助小学生建立良好的同伴关系 41. 创设适宜的教学情境，根据小学生的反应及时调整教学活动 42. 调动小学生学习积极性，结合小学生已有的知识和经验激发学习兴趣 43. 发挥小学生主体性，灵活运用启发式、探究式、讨论式、参与式等教学方式 44. 发挥好少先队组织生活、集体活动、信息传播等教育功能 45. 将现代教育技术手段整合应用到教学中 46. 较好使用口头语言、肢体语言与书面语言，使用普通话教学，规范书写钢笔字、粉笔字、毛笔字 47. 妥善应对突发事件 48. 鉴别小学生行为和思想动向，用科学的方法防止和有效矫正不良行为
	（十一） 激励与评价	49. 对小学生日常表现进行观察与判断，发现和赏识每一位小学生的点滴进步 50. 灵活使用多元评价方式，给予小学生恰当的评价和指导 51. 引导小学生进行积极的自我评价 52. 利用评价结果不断改进教育教学工作

续表

维度	领域	基本要求
专业能力	（十二）沟通与合作	53. 使用符合小学生特点的语言进行教育教学工作 54. 善于倾听，和蔼可亲，与小学生进行有效沟通 55. 与同事合作交流，分享经验和资源，共同发展 56. 与家长进行有效沟通合作，共同促进小学生发展 57. 协助小学与社区建立合作互助的良好关系
	（十三）反思与发展	58. 主动收集分析相关信息，不断进行反思，改进教育教学工作 59. 针对教育教学工作中的现实需要与问题，进行探索和研究 60. 制定专业发展规划，积极参加专业培训，不断提高自身专业素质

考点 9 师生关系 【单选、简答、材料分析】

师生关系是教育活动过程中人与人关系中最基本、最重要的关系。

1. 师生关系的类型

(1)专制型。专制型师生关系以命令、权威、疏远为其心态和行为特征。

(2)民主型。民主型师生关系以开放、平等、互助为其主要心态和行为特征。

(3)放任型。放任型师生关系以无序、随意、放纵为其心态和行为特征。

2. 我国新型师生关系的特点

(1)尊师爱生；(2)民主平等；(3)教学相长；(4)心理相容。

3. 良好的师生关系的建立

构建民主、和谐、融洽的师生关系的主导因素是教师，教师的素养是影响师生关系的核心因素。所以，要建设民主、和谐、充满活力的师生关系，对教师而言要做到以下几点：

(1)了解和研究学生；(2)树立正确的学生观；(3)热爱、尊重学生，公平对待学生；(4)主动与学生沟通，善于与学生交往；(5)努力提高自我修养，健全人格。

专题三 教育科学研究

考点 10 教育科学研究的基本过程 【单选】

(1)选择研究课题。

(2)教育文献检索。

根据文献的功能，可以分为事实性文献、工具性文献、理论性文献、政策性文献、经验性文献。其中事实性文献是指专门为教育科学研究提供事实证据的文献，比如文物、教育史学专著、各种测验量表、各类教育实验报告、教育名家的教育实录等。

(3)提出研究假设。

(4)制订研究计划。

(5)收集、整理和分析资料。收集资料是研究的主要任务和研究基础。

(6)教育研究成果的表述。

教育调查成果的主要表现形式包括教育学术论文、教育调查报告、教育实验报告等。教育研究报告一般包括题目、前言、正文、结论、参考文献和附录。

考点11 教育科学研究的方法 【单选、简答】

1. 教育观察法

教育观察法是指研究者有目的、有计划地通过感官或科学仪器，对处于自然状态下的研究对象进行系统考察，从而获取经验事实的研究方法。观察法是教育科学研究中广泛使用的基本的研究方法。

分类标准	类型	特点
是否控制环境条件（观察条件是否人为控制）	自然情境中的观察	自然状态，不可改变和控制
	实验室中的观察	人工控制，可改变和控制
是否借助仪器设备	直接观察	用感官观察
	间接观察	借助仪器观察
观察者是否直接参与被观察者所从事的活动（观察者是否直接介入活动）	参与性观察	观察者直接参与被观察者所从事的活动
	非参与性观察	观察者不直接参与被观察者所从事的活动
是否对观察活动进行严格的控制（观察内容是否有统一设计的、有一定结构的观察项目和要求）	结构式观察	在观察前有详细的观察计划、明确的观察指标体系，观察时严格按计划进行
	非结构式观察	既没有详细的观察计划，也没有明确的观察指标体系
观察活动的进行是否有规律	系统观察	在较长的一段时间内对观察对象进行的有目的、有计划的观察
	非系统观察	对学生个体的偶发性行为进行实例记录

2. 教育调查法

依据调查的方法和手段,可以将调查分为问卷调查、访谈调查、测量调查和调查表法。下面重点介绍问卷调查和访谈调查。

(1)问卷调查

问卷调查,又称问题表格法,指以书面提出问题的方式搜集资料的一种研究方法。研究者将所要研究的问题编制成问题表格,以邮寄、当面作答或追踪访问的方式填答,从而了解被试对某一现象或问题的看法和意见。只有当回收率在70%以上,所得资料方可作为研究结论。

问卷调查的步骤:①提出问题;②查找文献;③设计问卷并进行小范围测试;④分析测试结果并修改问卷;⑤选择样本并发放问卷。

问卷调查问题设计的基本要求:①语义清楚;②语句简洁;③面向对象;④价值中立;⑤避免社会认可效应。其中价值中立是指在设计问题时,应避免印证权威论断,也不应把个人的认识、观点和价值判断包含在问题 之中,以避免对被调查者产生暗示作用,导致特定的、有倾向性的回答。

问卷调查的优点:方便实用,省时,花钱少;由于可以不署名,在某些情况下结论比较客观;能收集大样本信息资料,收效大;便于归类整理,能做量的统计处理,使调查结果具有一定代表性。

问卷调查的缺点:问卷的问题是否明确、题量大小、调查者合作意向等都会影响结论的代表性;收集的资料往往比较表面,被试不作回答的情况难以究其原因,影响问卷效度等。

(2)访谈调查

访谈调查,指研究者通过与研究对象进行面对面的交谈,以口头问答的形式搜集资料的一种调查研究方法。

访谈调查的优缺点:①优点:较为灵活,能深入了解被访者的心理感受,可观察表情、动作等体态语言,容易进行深入调查。②缺点:时间和精力花费较多,代价比较高昂,访谈结果不易量化等。

访谈调查实施的基本步骤:①提出访谈问题,确定访谈对象;②制订访谈计划;③确定访谈的具体问题和框架,拟定访谈提纲;④进行正式访谈,访谈时注意倾听并适时追问;⑤整理访谈资料,分析访谈结果并得出访谈结论。

3. 教育实验法

教育实验法是指研究者根据研究目的,运用一定的人为手段,主动干预或控制研究对象的发生、发展过程,通过观察、测量、比较等方式探索、验证所研究现象因果关系的研究方法。实验研究的目的是发现事物间的因果关系,是各类研究中唯一能确定因果关系的研究。

变量是指在研究过程中,需要进行操纵控制和测量的诸因素。可分为自变量、因变量和干扰变量三种。(1)自变量。自变量是指由研究者安排的、人为操纵控制、作有计划变化的因素,即研究者有计划加以改变的。(2)因变量。因变量是随自变量的变化而变化的,又称反应变量。是研究者应该观测和记录的变化因素。(3)干扰变量(也叫无关变量)。干扰变量是指除了研究者操纵控制的自变量之外,另外还有一些也能引起研究结果产生变化的量,会使研究者无法对研究结果作出正确判断和解释。

4. 叙事研究法

叙事研究法是抓住人类经验的故事性特征进行研究并用故事的形式呈现研究结果的一种研究方式。它所关注的是在一定的场景和实践中所发生的故事,以及主人公是如何思考、筹划、应对、感受、理解这些故事的。

5. 行动研究法

行动研究法是指实际工作者(如教师)基于解决实际问题的需要,与专家、学者及本单位的成员共同合作,将实际问题作为研究的主题,进行系统的研究,以解决实际问题的一种研究方法。

6. 个案研究法

个案研究法是指研究者在自然状态下,对特殊或典型的案例进行全面、深入的调查和分析,来认识该案例的现状或发展变化的研究方法。个案研究中常用的研究方法主要有跟踪法、追因法、临床法、产品分析法和教育会诊法等。

7. 历史研究法

历史研究法是指研究者通过搜集某种教育现象发生、发展和演变的历史事实,加以系统客观地分析研究,从而揭示其发展规律的一种研究方法。

真题检测

一、单项选择题

1. [2020下半年]做"好老师"应该具有理想信念、道德情操、扎实学识和仁爱之心的特质。这是由下列哪位党和国家领导人提出的(　　)

A. 邓小平　　B. 江泽民　　C. 胡锦涛　　D. 习近平

2. [2020下半年]在设计教育调查问卷时,应避免将权威论断、个人观点包含在问题之中。这体现的问卷设计原则是(　　)

A. 面向对象　　B. 价值中立

C. 语句简洁　　D. 避免社会认可效应

3. [2019下半年]教育实验中,控制其他条件,考察不同教学方式对学生学习效果的影响。教学方式在这项实验中属于(　　)

A. 因变量　　B. 自变量

C. 干扰变量　　D. 无关变量

4. [2018 下半年]在教育研究中，访谈法与问卷法相比(　　)

A. 更具客观性　　B. 更有利于做大样本研究

C. 更易对数据进行编码处理　　D. 更有利于对问题进行深层次研究

5. [2018 上半年]作为青年教师，除了自我学习以外，还应该通过集体备课、同行研讨等教研组活动，分享教学经验，提高教学水平。这突出体现的教师专业能力是(　　)

A. 沟通与合作能力　　B. 激励与评价能力

C. 教育教学设计能力　　D. 组织与实施能力

6. [2017 上半年]在教育活动中，构建民主、和谐、融洽的师生关系的主导因素是(　　)

A. 学生　　B. 家长

C. 教师　　D. 文学艺术活动

7. [2017 上半年]将观察法分为系统观察和非系统观察的依据是(　　)

A. 观察条件是否人为控制　　B. 观察活动是否有规律

C. 观察者是否直接介入活动　　D. 观察内容是否有设计并有结构

8. [2015 下半年]优秀运动员的成功，往往要追溯到启蒙教练的培养。这说明教师劳动具有(　　)

A. 创造性　　B. 长期性　　C. 示范性　　D. 复杂性

二、简答题

9. [2019 上半年]简述《小学教师专业标准(试行)》中关于教师专业能力的构成。

10. [2018 上半年]教师建立良好师生关系的基本要求有哪些？

11. [2017 下半年]简述访谈法的基本步骤。

参考答案及解析

一、单项选择题

1. D　[解析]本题考查"四有"好老师标准的提出者。2014 年教师节前夕，习近平总书记考察北京师范大学时发表重要讲话，勉励广大师生做有理想信念、有道德情操、有扎实学识、有仁爱之心的"四有"好老师。

2. B　[解析]本题考查问卷调查问题设计的基本要求。在设计问题时，应避免引证权威论断，也不应把个人的认识、观点和价值判断包含在问题之中，以避免对被调查者产生暗示作用，导致特定的、有倾向性的回答。这是问卷设计中价值中立要求的具体内容。

3. B　[解析]本题考查教育实验法中的变量。题干中学生的学习效果会因教学方式的不同而不同，教学方式是自变量，学生学习效果是因变量，故选择 B。

4. D　[解析]本题考查教育调查法中的访谈法与问卷法。访谈法是指研究者通过与研究对象进行面对面的交谈，以口头问答的形式搜集资料的一种调查研究方法。访谈法较为灵活，能深入了解被访者的心理感受，可观察表情、动作等体态语言，容易进行深入调查。问卷法中问卷内容客观统一，数据分析处理方便，节省人力、时间和经费，适用于大样本研究。

5. A [解析]本题考查《小学教师专业标准(试行)》的基本内容。小学教师专业能力中的沟通与合作能力要求教师与同事合作交流，分享经验和资源，共同发展。作为青年教师，通过集体备课、同行研讨等活动与同事相互交流合作，共同发展，这体现的教师专业能力是沟通与合作能力。

6. C [解析]本题考查师生关系。教师是建立良好师生关系的主导因素，其学识水平、道德修养以及教学态度与方法，对建立良好的师生关系起着决定性作用。

7. B [解析]本题考查教育观察法的类型。根据观察活动的进行是否有规律，观察法可分为系统观察和非系统观察。根据观察条件是否人为控制，观察法可分为自然观察法和实验观察法。根据观察者是否直接介入活动，观察法可分为参与性观察和非参与性观察。根据观察内容是否有统一设计的、有一定结构的观察项目和要求，观察法可分为结构式观察和非结构式观察。

8. B [解析]本题考查教师劳动的特点。教师劳动的长期性指人才培养的周期比较长，教育的影响具有迟效性。题干中优秀运动员的成功，往往要追溯到启蒙教练的培养，这体现了教师劳动的长期性特点。

二、简答题

9. [参考答案]在《小学教师专业标准(试行)》中，专业能力维度包括的领域有：(1)教育教学设计；(2)组织与实施；(3)激励与评价；(4)沟通与合作；(5)反思与发展。

10. [参考答案](1)了解和研究学生；(2)树立正确的学生观；(3)热爱、尊重学生，公平对待学生；(4)主动与学生沟通，善于与学生交往；(5)努力提高自我修养，健全人格。

11. [参考答案](1)提出访谈问题，确定访谈对象；(2)制订访谈计划；(3)确定访谈的具体问题和框架，拟定访谈提纲；(4)进行正式访谈，访谈时注意倾听并适时追问；(5)整理访谈资料，分析访谈结果并得出访谈结论。

教育基础(四)

今日目标

1. 理解课程的内涵和概念。
2. 掌握古德莱德的课程层次理论和课程类型。
3. 掌握综合实践活动,课程的目标、结构与内容。
4. 理解课程资源、开发、实施的基本取向。
5. 掌握当前我国基础教育课程改革的内容。

专题 教育基础(四)

考点1 课程的内涵 【单选】

“课程”一词在我国始见于唐宋期间。唐朝孔颖达在《五经正义》里为《诗经·小雅·巧言》中“奕奕寝庙,君子作之”一句注疏:“维护课程,必君子监之,乃得依法制也。”这是“课程”一词在汉语文献中的最早显露。

在西方,“课程”一词最早出现在英国教育家斯宾塞的《什么知识最有价值》一文中。它由拉丁语派生而来,意为“跑道”。他将“课程”解释为教学内容的系统组织。

一般认为,美国学者博比特在1918年出版的《课程》一书,标志着课程作为专门研究领域的诞生,这也是教育史上第一本课程理论专著。

考点2 课程的概念 【单选】

课程是指学校学生所应学习的学科总和及其进程安排。课程有广义和狭义之分,广义的课程包括学校所教的各门学科和有目的、有计划的教育活动;狭义的课程专指某一门课程,如语文课程、历史课程等。下面介绍几种典型的课程定义:

课程定义	内涵
课程即教学科目	把课程等同于所教的科目,如我国古代的“六艺”与欧洲中世纪的“七艺”

续表

课程定义	内涵
课程即有计划的教学活动	把所有有计划的教学活动都组合在一起
课程即预期的学习结果	课程不应该指向活动，而应该直接关注预期的学习结果或目标，要求课程事先制定一套有结构、有序列的学习目标，所有教学活动都是为达到这些目标服务的
课程即学习经验	核心是把课程的重点从教材转向个人
课程即社会文化的再生产	实质在于使学生顺应现存的社会结构，从而把课程的重点从教材、学生转向社会
课程即社会改造	帮助学生摆脱对外部强加给他们的世界观的盲目依从，使学生具有批判的意识

考点 3 古德莱德的课程层次理论 【单选】

古德莱德认为，存在着五种不同的课程：

(1)理想的课程，即由一些研究机构、学术团体和课程专家提出的应该开设的课程。

(2)正式的课程，即由教育行政部门规定的课程计划、课程标准和教材，也就是列入学校课程表中的课程。

(3)领悟的课程，即任课教师所领会的课程。

(4)运作的课程，即在课堂上实际实施的课程。

(5)经验的课程，即学生实际体验到的东西。

考点 4 课程类型 【单选】

划分依据	分类	主要内容
课程内容的固有属性	学科课程	最古老、使用范围最广泛的课程类型，如我国古代的“六艺”和古希腊的“七艺”
	活动课程	亦称经验课程，旨在培养具有丰富个性的主体，主要代表人物是杜威
课程内容的组织方式	分科课程	一种单学科的课程组织模式，它强调不同学科门类之间的相对独立性，强调一门学科的逻辑体系的完整性。其主导价值在于使学生获得逻辑严密和条理清晰的文化知识

续表

<table>
<tr><th>划分依据</th><th>分类</th><th colspan="2">主要内容</th></tr>
<tr><td>课程内容的组织方式</td><td>综合课程</td><td colspan="2">◇打破传统的分科课程的知识领域,组合两门以上学科领域而构成的一门学科
◇常见的综合课程类型有相关课程、融合课程、广域课程三种形态:
(1)相关课程是指在保留原来学科的独立性基础上,寻找两个或多个学科的共同点,加强学科之间的联系
(2)融合课程是指把有内在联系的不同学科融合在一起而形成一门新的学科
(3)广域课程是指依据学科及活动性质,将学校分科课程进行整合,构成领域更广的几类课程</td></tr>
<tr><td rowspan="2">对学生学习要求的角度</td><td>必修课程</td><td>国家、地方或学校规定学生必须学习的公共课程,是为了保证所有学生的基础学习而开发的课程。其主导价值在于培养和发展学生的共性</td><td rowspan="2">二者的关系:(1)互补性;(2)等价性;(3)相互渗透、相互作用</td></tr>
<tr><td>选修课程</td><td>是针对必修课程的不足之处提出的,是为发展学生的兴趣、爱好和个性特长而开设的课程</td></tr>
<tr><td rowspan="3">课程任务</td><td>基础型课程</td><td colspan="2">注重培养学生的基础学力</td></tr>
<tr><td>拓展型课程</td><td colspan="2">注重拓展学生的知识和能力</td></tr>
<tr><td>研究型课程</td><td colspan="2">注重培养学生的探究态度和能力</td></tr>
<tr><td rowspan="3">课程设计、开发、管理主体或管理层次</td><td>国家课程</td><td colspan="2">主导价值在于通过课程体现国家的教育意志</td></tr>
<tr><td>地方课程</td><td colspan="2">主导价值在于通过课程满足地方社会发展的现实需要,是基础教育课程结构的重要组成部分,与国家课程具有平等的地位和作用</td></tr>
<tr><td>校本(学校)课程</td><td colspan="2">主导价值在于通过课程展示学校的办学宗旨和特色</td></tr>
<tr><td>课程的表现形式或影响学生的方式</td><td>显性课程</td><td colspan="2">亦称公开课程,指的是为实现一定的教育目标而正式列入学校教学计划的各门学科以及有目的、有组织的课外活动。显性课程的主要特征是计划性,这是区分显性课程和隐性课程的主要标志</td></tr>
</table>

续表

划分依据	分类	主要内容
课程的表现形式或影响学生的方式	隐性课程	◇亦称潜在课程、隐蔽课程，指学生在学校情景中无意识地获得经验、价值观、理想等意识形态内容和文化影响 ◇“隐性课程”一词是由杰克逊在其1968年出版的《班级生活》一书中首先提出的

考点 5 综合实践活动

综合实践活动是基于学生的直接经验，密切联系学生自身生活和社会生活，体现对知识的综合运用的课程形态。这是一门以学生的经验与生活为核心的实践性课程。综合实践活动是新的基础教育课程体系中设置的必修课程。

2017年教育部印发的《中小学综合实践活动课程指导纲要》中规定自小学一年级至高中三年级全面实施综合实践活动课程。

综合实践活动课程实施过程主要包括：(1)确定活动主题；(2)制订活动方案；(3)活动具体实施；(4)总结交流；(5)活动反思。

考点 6 课程目标与结构 【单选】

1. 课程目标

课程目标是根据教育宗旨和教育规律而提出的具体价值和任务指标，是课程本身要实现的具体目标和意图。

(1)三维课程目标

新课程背景下的课堂教学，要求根据各学科教学的任务和学生的需求，从知识与技能、过程与方法、情感态度与价值观三个维度出发设计课程目标。

“知识与技能”目标强调基础知识和基本技能的获得，相当于传统的“双基”教学。“过程与方法”目标突出的是让学生“学会学习”，使学生获得知识的过程同时成为获得学习方法和能力发展的过程。“情感态度与价值观”目标强调在教学过程中激发学生的情感共鸣，引起积极的态度体验，形成正确的价值观。

三维目标应是一个整体，知识与技能、过程与方法、情感态度与价值观三个方面相互联系，融为一体。

(2)课程目标取向的分类

类别	内涵及特征
普遍性目标	根据一定的哲学或伦理观、意识形态、社会政治需要，对课程进行总括性和原则性规范与指导的目标，一般表现为对课程有较大影响的教育宗旨或教育目的。它对各门学科都有普遍的指导价值。如《大学》提出的“格物、致知、诚意、正心、修身、齐家、治国、平天下”的教育宗旨

续表

类别	内涵及特征
行为性目标	以具体的、可操作的行为的形式加以陈述的课程目标。它指明课程过程结束后学生身上所发生的行为变化。它的特点是目标具有精确性、具体性和可操作性，对于学习以训练知识、技能为主的课程内容较为适合
生成性目标	在教育情境之中随着教育过程的展开自然生成的目标。它关注的是学习活动的过程，考虑学生的兴趣、能力差异，强调目标的适应性、生成性
表现性目标	在教育情境的种种经历中每一个学生个性化的创造性表现，关注学生的创造精神、批判思维，适合以学生活动为主的课程安排。表现性目标只为学生提供活动的范围或领域，至于活动的结果则是开放的。它强调学生的自主性和主体性，尊重学生的差异性

2. 课程结构

课程结构是指课程各部分有机的组织和配合，即课程内容有机联系在一起的组织方式。

（1）课程结构的特征

特征	内涵
客观性	课程结构是课程设计者根据一定原理设计出来的，并不是课程设计者主观臆造的产物，而是具有客观性
有序性	指课程内部各要素、各成分之间相互联系的有规则性
可转换性	指课程内部各要素间的构成关系能依地区、学校和学生等条件的变化而进行相应调整的属性
可度量性	课程内部各要素、各成分间的联系和结构方式往往可以用数量关系来说明

（2）新课程结构的主要内容

①整体设置九年一贯的义务教育课程，小学阶段以综合课程为主、初中阶段设置分科与综合相结合的课程；②高中以分科课程为主；③从小学至高中设置综合实践活动课程并作为必修课程；④农村中学课程要为当地社会经济发展服务。

（3）新课程结构的特性

特性	表现
均衡性	学校课程体系中的各种课程类型、具体科目和课程内容能够保持一种恰当、合理的比重
综合性	加强学科的综合性；设置综合课程；增设综合实践活动课程
选择性	集中体现在新课程适当减少了国家课程在学校课程体系中所占的比重

考点 7 课程内容 【单选】

1. 制约课程内容选择的因素

(1)社会因素;(2)受教育者身心发展的规律;(3)科学文化知识。

2. 课程内容的组织形式

形式	主要内容
直线式	◇指把课程内容组织成一条在逻辑上前后联系的"直线",前后内容基本不重复,即课程内容直线前进,前面安排过的内容在后面不再呈现 ◇逻辑依据是课程知识本身内在的逻辑是直线前进的,主张根据科学理论知识的原有逻辑来组织和编排课程内容,特别是学科课程的知识内容 ◇由于直线式编排的课程内容前后不重复,因而被认为是效率较高的一种内容组织形式
螺旋式	◇指在不同单元乃至阶段或不同课程门类中,使课程内容重复出现,逐渐扩大知识面,加深知识难度,使之呈现"螺旋式上升"的形状 ◇逻辑依据是人的认识逻辑或认识发展过程中的规律,即人的认识遵循着由简单到复杂、由低级到高级、逐步深化发展的规律
纵向组织	◇又称垂直组织、序列组织,是指按照知识的逻辑序列,由已知到未知(要求课程内容的呈现由浅入深、由易到难)、由简单到复杂等先后顺序组织编排课程内容 ◇注重课程内容的独立体系和知识的深度
横向组织	◇又称水平组织,是指打破学科的知识界限和传统的知识体系,按照学生发展阶段,以学生发展阶段需要探索的、社会和个人最关心的问题为依据,组织课程内容,构成一个一个相对独立的专题 ◇强调课程内容的综合性和知识的广度
逻辑顺序	指根据学科本身的体系和知识的内在联系来组织课程内容
心理顺序	指按照学生心理发展的特点来组织课程内容

3. 课程内容的文本表现形式

课程计划、课程标准、教材是课程内容的文本表现形式,是课程设计的三个层次,是我国中小学课程的主要组成部分。

(1)课程计划

课程计划具体规定了教学科目的设置(课程设置)、学科顺序(课程开设顺序)、课时分配(教学时数)、学年编制和学周安排。其中,开设哪些科目(课程设置)是课程计划的中心和首要问题。

课程计划体现了国家对学校教育和教学工作的统一要求，是学校组织教育和教学工作的重要依据。

(2)课程标准

课程标准是国家根据课程计划以纲要的形式编定的有关某门学科内容及其实施、评价的指导性文件。

课程标准规定了学科的教学目标、任务，知识的范围、深度和结构，教学进度以及有关教学方法的基本要求，是编写教科书和教师进行教学的直接依据，也是衡量各科教学质量的重要标准。

课程标准是国家课程基本的纲领性文件，是国家对基础教育课程的基本规范和质量要求。它是教材编写、教学、评估和考试命题的依据，也是国家管理和评价课程的基础。

(3)教材

教材是教师和学生据以进行教学活动的材料，包括教科书、讲义、讲授提纲、参考书、活动指导书以及各种视听材料。其中，教科书和讲义是教材的主体部分，故人们常把教科书与讲义简称为教材。

教材编写的原则和要求：①按照不同学科的特点，在内容上体现科学性和思想性；②强调内容的基础性；③必须注意到基本教材对大多数学生和大多数学校的适用性；④在教材的编排上，要做到知识的内在逻辑与教学方法要求的统一；⑤教科书的编排形式要有利于学生的学习，教材的编排要符合卫生学、教育学、心理学、美学的要求；⑥教科书的编排要兼顾同一年级各门学科内容之间的关系和同一学科各年级教材之间的衔接。

考点 8 课程资源、开发、实施的基本取向 【单选】

1. 课程资源的概念

课程资源是课程建设的基础，它包括教材以及学生家庭、学校和社会生活中一切有助于学生发展的各种资源。教材是课程资源的核心和主要组成部分。

2. 课程资源的类型

分类依据	种类
空间分布	校内课程资源、校外课程资源
功能特点	素材性课程资源、条件性课程资源
存在方式	显性课程资源、隐性课程资源
性质	自然课程资源、社会课程资源

3. 影响课程开发的主要因素

儿童、社会及学科特征是制约学校课程的三大因素。

4. 课程开发的目标模式

目标模式以目标为课程开发的基础和核心。

泰勒在《课程与教学的基本原理》一书中指出，开发任何课程和教学计划都必须回答四个基本问题：(1)学校应当追求哪些目标？(2)怎样选择和形成学习经验？(3)怎样有效地组织学习经验？(4)如何确定这些目标正在得以实现？这四个基本问题即确定教育目标、选择教育经验、组织教育经验、评价教育计划，构成了著名的"泰勒原理"。泰勒原理的实质是以目标为中心的模式，因此又被称为"目标模式"。

目标模式逻辑清晰，结构明了，易于理解和把握，因此，近半个世纪以来，这种模式仍旧长盛不衰。但由于它只关注预期的目标，忽视了其他方面，如理解力、鉴赏力、情感、态度等同样有教育价值的东西，所以受到了许多批评。

5. 课程实施的基本取向

辛德等人将课程实施或研究课程实施的取向分为三种：忠实取向、相互适应取向、创生取向。其中相互适应取向者认为，课程实施过程是课程计划与班级或学校实际情境在课程目标、内容、方法、组织模式诸方面相互调整、改变与适应的过程，强调课程实施不是单向的传递、接受，而是双向的互动与改变。

考点 9 当前我国基础教育课程改革

1. 基础教育课程改革的核心理念

教育改革的核心是课程改革。新课程改革的核心理念是教育以人为本，即"一切为了每一位学生的发展"。

2. 基础教育课程改革的目标

(1)实现课程功能的转变；(2)体现课程结构的均衡性、综合性和选择性；(3)密切课程内容与生活和时代的联系；(4)改善学生的学习方式；(5)建立与素质教育理念相一致的评价与考试制度；(6)实行三级课程管理制度。

3. 新课程倡导的学生观

(1)学生是发展中的人。①学生的身心发展是有规律的；②学生具有巨大的发展潜能；③学生是处于发展过程中的人。

(2)学生是独特的人。①学生是完整的人；②每个学生都有自身的独特性；③学生与成人之间存在着巨大的差异。

(3)学生是具有独立意义的人。①每个学生都是独立于教师的头脑之外，不以教师的意志为转移的客观存在;②学生是学习的主体;③学生是责权的主体。

4. 新课程倡导的教学观

(1)教学是课程创生与开发的过程;(2)教学是师生交往、积极互动、共同发展的过程;(3)教学重过程甚于重结论;(4)教学更为关注人而不只是学科。

5. 新课程倡导的教师观

(1)教师角色的转变

从教师与学生的关系看,新课程要求教师应该是学生学习的促进者。

从教学与研究的关系看,新课程要求教师应该是教育教学的研究者。

从教学与课程的关系看,新课程要求教师应该是课程的建设者和开发者。

从学校与社区的关系看,新课程要求教师是社区型的开放的教师。

(2)教师教学行为的转变

在对待师生关系上,新课程强调尊重、赞赏。

在对待教学关系上,新课程强调帮助、引导。

在对待自我上,新课程强调反思。

在对待与其他教育者的关系上,新课程强调合作。

6. 新课程倡导的学习方式

新课程倡导的学习方式有自主学习、探究学习和合作学习。

真题检测

一、单项选择题

1. [2020 下半年]校歌、校徽、校标等是学校课程的一部分,这类课程属于(　　)

A. 学科课程　　B. 活动课程　　C. 显性课程　　D. 隐性课程

2. [2020 下半年]在学习《长城》一课时,通过阅读课文和观看长城的影像,学生感受到万里长城的宏伟和壮观,民族自豪感和爱国之情油然而生。这一教学活动主要达成的教学目标是(　　)

A. 知识与技能　　B. 认知与技能

C. 过程与方法　　D. 情感态度与价值观

3. [2020 下半年]将课程编制过程划分为确定目标、选择经验、组织经验、评价结果四个阶段,并被誉为"课程评价之父"的教育家是(　　)

A. 卢梭　　B. 杜威　　C. 泰勒　　D. 布鲁纳

4. [2019 下半年]小学生通过科学课的学习,了解了水具有固态、液态和气态三种状态,进而知道在一定条件下物质状态可以改变。按照三维目标的分类,这主要达成的教学目标

是(　　)

A. 知识与技能　　B. 过程与方法

C. 认知与实践　　D. 情感态度与价值观

5. [2019 下半年]在小学课程实施过程中，教师挖掘和利用的民风民俗、传说故事、传统节日、文化活动等资源属于(　　)

A. 自然资源　　B. 校内资源　　C. 社会资源　　D. 个体资源

6. [2019 上半年]在小学《科学》教材中，先呈现动植物的基本知识，接着是与动植物有关的生态系统知识，再是与人类相关的生态系统知识，这种课程内容的组织形式属于(　　)

A. 直线式　　B. 螺旋式　　C. 并列式　　D. 循环式

7. [2019 上半年]当前我国小学阶段课程结构的主要特点是(　　)

A. 分科课程为主　　B. 活动课程为主

C. 综合课程为主　　D. 校本课程为主

8. [2019 上半年]按照美国学者古德莱德的课程层次理论，由教育行政部门规定的课程计划属于(　　)

A. 理想的课程　　B. 正式的课程

C. 领悟的课程　　D. 运作的课程

9. [2018 下半年]小学教科书的编排形式应有利于学生的学习，不仅要符合教育学、心理学和美学的要求，还应符合(　　)

A. 社会学的要求　　B. 政治学的要求

C. 生态学的要求　　D. 卫生学的要求

10. [2018 上半年]针对班级学生基础较差、学习兴趣不高的情况，周老师上课时对教学内容进行了删减，增加了一些趣味性的知识，这一课程实施符合(　　)

A. 忠实取向　　B. 创生取向　　C. 技术取向　　D. 相互适应取向

11. [2018 上半年]现代课程论认为，制约课程内容选择的因素主要包括(　　)

A. 知识、技能与情感　　B. 难度、广度与深度

C. 社会、儿童与学科　　D. 政治、经济与文化

12. [2018 上半年]某学校开发了一门介绍当地风俗、物产与人物的课程，该课程属于(　　)

A. 地方课程　　B. 校本课程　　C. 隐性课程　　D. 分科课程

二、简答题

13. [2019 下半年]简述小学综合实践活动开展的基本步骤。

参考答案及解析

一、单项选择题

1. D ［解析］本题考查课程的类型。隐性课程指学生在学校情景中无意识地获得经验、价值观、理想等意识形态内容和文化影响。校歌、校徽、校标能够潜移默化地对学生进行意识形态的教育，故属于隐性课程。

2. D ［解析］本题考查三维课程目标。“情感态度与价值观”目标强调教学过程中激发学生的情感共鸣，引起积极的态度体验，形成正确的价值观。学生感受到的万里长城的宏伟和壮观以及油然而生的民族自豪感和爱国之情，是情感态度与价值观方面的变化，故这一教学活动主要达成的是情感态度与价值观目标。

3. C ［解析］本题考查泰勒的目标模式。泰勒被誉为“课程评价之父”。他在《课程与教学的基本原理》一书中指出，开发任何课程和教学计划都必须回答四个基本问题，即确定教育目标、选择教育经验、组织教育经验、评价教育计划。

4. A ［解析］本题考查三维课程目标。“知识与技能”目标强调基础知识和基本技能的获得。题干中水的三种状态以及在一定条件下物质状态可以改变，这些都属于基础知识，按照三维目标分类，这主要达成的是知识与技能目标。

5. C ［解析］本题考查课程资源的类型。民风民俗、传说故事、传统节日、文化活动等都是人为创造的，具有“人工性”，属于社会资源。

6. B ［解析］本题考查课程内容的组织形式。螺旋式是指在不同单元乃至阶段或不同课程门类中，使课程内容重复出现，逐渐扩大知识面，加深知识难度，即同一课程内容前后重复出现，前面呈现的内容是后面内容的基础，后面内容是对前面内容的不断扩展和加深，层层递进。题干中先呈现动植物的基本知识，再呈现与动植物有关的生态系统知识，最后是与人类相关的生态系统知识，课程内容层层递进，知识面逐渐扩大，这种课程内容组织形式为螺旋式。

7. C ［解析］本题考查新课程结构的主要内容。新课程结构的主要内容包括：(1)整体设置九年一贯的义务教育课程。小学阶段以综合课程为主，初中阶段设置分科与综合相结合的课程。(2)高中以分科课程为主。(3)从小学至高中设置综合实践活动课程并作为必修课程。(4)农村中学课程要为当地社会经济发展服务。所以，C 项正确。

8. B ［解析］本题考查古德莱德的课程层次理论。在课程设置方面，古德莱德认为“课程”应分为五个层次，其中正式的课程，即由教育行政部门规定的课程计划、课程标准和教材。

9.D [解析]本题考查教材编写的原则和要求。教科书的编排形式要有利于学生的学习,符合卫生学、教育学、心理学和美学的要求。

10.D [解析]本题考查课程实施的基本取向。相互适应取向者认为,课程实施过程是课程计划与班级或学校实际情境在课程目标、内容、方法、组织模式诸方面相互调整、改变与适应的过程,强调课程实施不是单向的传递、接受,而是双向的互动与改变。题干中周老师针对班级学生的情况,对教学内容进行调整,根据实际情况实施教学,这体现了课程实施的相互适应取向。

11.C [解析]本题考查制约课程内容选择的因素。制约课程内容选择的三个因素是社会因素、受教育者身心发展的规律与科学文化知识,即社会、儿童与学科。

12.B [解析]本题考查课程的类型。校本课程是指由学生所在学校的教师编制、实施和评价的课程,其主导价值在于通过课程展示学校的办学宗旨和特色。题干中该学校开发的介绍当地风俗、物产与人物的课程属于展示学校办学特色的校本课程。

二、简答题

13.[参考答案](1)确定活动主题;(2)制订活动方案;(3)活动具体实施;(4)总结交流;(5)活动反思。

Day 5 学生指导(一)

今日目标

1. 了解心理现象及其结构。

2. 了解心理学的产生。

3. 掌握感觉、知觉、记忆等内容。

专题一　心理学概述

考点 1　心理现象及其结构

- 心理现象
  - 心理过程（注意）
    - 认知过程：感觉、知觉、记忆、思维、想象
    - 情绪情感过程：情绪、情感
    - 意志过程：意志行动的心理过程
  - 个性心理
    - 个性心理倾向性：需要、动机、信念、理想、价值观、世界观
    - 个性心理特征：能力、性格、气质
    - 自我意识

心理现象结构图

考点 2　心理学的产生

1879年，德国著名心理学家冯特在德国莱比锡大学创建了世界上第一个心理学实验室，开始对心理现象进行系统的实验研究，这被公认为是心理学独立的标志。冯特也因此被称为“心理学之父”。

专题二　认知过程

考点 3　感觉【单选】

感觉是人脑对直接作用于感觉器官的客观事物的个别属性的反映，是认识的起点。

1. 感觉的分类

分类	内涵
外部感觉	◇感受外部刺激，反映外部事物的个别属性 ◇主要分为视觉、听觉、嗅觉、味觉和肤觉五大类
内部感觉	◇感受内部刺激，反映机体内部的变化 ◇主要分为机体觉、平衡觉和运动觉

2. 感觉的基本规律

规律	内涵
感觉适应	由于刺激对感受器的持续作用而使感受性发生变化的现象
感觉对比	同一感受器接受不同的刺激，而使感受性发生变化的现象
感觉后像	又称感觉后效，在刺激作用停止后暂时保留的感觉现象
感觉补偿	指某种感觉丧失后，由其他感觉来弥补
联觉	一种感觉兼有另一种感觉的心理现象

考点 4 知觉 【单选、简答】

知觉是人脑对直接作用于感觉器官的客观事物整体属性的反映。根据人脑反映的对象的不同，可以把知觉分为物体知觉和社会知觉。物体知觉可分为空间知觉、时间知觉、运动知觉等。社会知觉，也叫社会认知，是人对社会现象和社会关系的知觉。在社会知觉过程中，由于受各种主客观因素的影响，人们有时不能全面地看待问题，从而产生了知觉上的偏差。

1. 常见的社会知觉偏差

类别	定义	举例
社会刻板效应（刻板印象）	对一类事物或人物的一种比较固定、概括而笼统的看法	北方人粗犷豪爽，南方人精明细致
晕轮效应（光环效应）	当我们认为某人具有某种特征时，就会对他的其他特征做相似判断	爱屋及乌、情人眼里出西施
首因效应（最初效应）	在总体印象形成上，最初获得的信息比后来获得的信息影响更大的现象	人们交往时很注重第一印象
近因效应（最近效应）	在总体印象形成上，新近获得的信息比原来获得的信息影响更大的现象	多年不见的朋友，在自己脑海中印象最深的其实就是临别时的情景

续表

类别	定义	举例
投射效应	个体在知觉他人时，总以为他人也具备与自己相似的特性	以小人之心，度君子之腹；推己及人

2. 知觉的基本特性

特征	内涵
选择性	指当面对众多的客体时，知觉系统会自动地将刺激分为对象和背景，并把知觉对象优先地从背景中区分出来
理解性	指人以知识经验为基础对感知的事物加工处理，并用语词加以概括赋予说明的加工过程
整体性	指人根据自己的知识经验把直接作用于感官的客观事物的多种属性整合为统一整体的过程
恒常性	指客观事物本身不变，但知觉条件在一定范围内发生变化时，人的知觉映像仍相对不变

考点 5 注意 【单选】

注意是心理活动或意识对一定对象的指向和集中，是心理过程的动力特征之一。注意具有指向性与集中性。

1. 注意的分类

根据有无目的和意志努力，注意可分为无意注意、有意注意和有意后注意三种。

种类	主要内容
无意注意	◇也称不随意注意，是没有预定目的、无需意志努力、不由自主地对一定事物所发生的注意 ◇人和动物都存在
有意注意	◇也称随意注意，是有预先目的、必要时需要意志努力、主动地对一定事物所发生的注意 ◇受人的意识的调节和控制，是人类所特有的 ◇影响因素：对活动目的、任务的理解；对事物的间接兴趣；活动的合理组织；个人已有经验；个人的意志品质
有意后注意	◇也称随意后注意，是指有预定目的，但不需要意志努力的注意 ◇是在有意注意的基础上发展起来的

2. 注意的品质

品质	内涵
注意的稳定性	指注意保持在某一对象或某一活动上的时间长短特性，区分： 注意的起伏：短时间内注意周期性地不随意跳跃现象 注意的分散：指注意离开了当前应当完成的任务而被无关的事物所吸引

续表

品质	内涵
注意的广度	也称注意的范围,是指在同一时间内,人们能够清楚地知觉出的对象的数目,如"一目十行"
注意的分配	指人在进行两种或多种活动时能把注意指向不同对象的现象,如"一心二用"
注意的转移	根据新的任务,主动地把注意从一个对象转移到另一个对象或由一种活动转移到另一种活动的现象

考点 6 记忆 【单选、简答】

记忆是过去的经验在人脑中的反映,即人脑对过去经验的识记、保持和恢复的过程。记忆的品质包括记忆的敏捷性、记忆的持久性、记忆的准确性、记忆的准备性。

1. 记忆的分类

根据信息保持时间的长短,记忆可分为感觉记忆、短时记忆和长时记忆。

类别	含义	保持时间	编码方式
感觉记忆(瞬时记忆)	当客观刺激停止作用后,感觉信息会在一个极短的时间内保存下来	2 秒以内	图像记忆和声像记忆
短时记忆	信息从感觉记忆到长时记忆的过渡阶段	1 分钟之内	主要是听觉编码,还有视觉编码,也存在语义编码
长时记忆	信息经过充分的和一定深度的加工后,在脑海中长时间存储的记忆	1 分钟以上,直至保持终生	以意义编码为主,包括表象和语义编码。语义编码是长时记忆最主要的编码方式

2. 记忆的过程

记忆过程包括识记、保持、回忆或再认三个环节。识记是记忆过程的第一个基本环节,是指个体获得知识经验的过程。保持是记忆过程的第二个环节,是指已获得的知识经验在人脑中巩固的过程。遗忘是指对识记过的材料不能回忆或再认,或者表现为错误的回忆或再认。

(1)识记的分类

分类依据	种类	内涵
识记有无目的性	无意识记	事先没有预定目的,也不需要运用任何有助于识记的方法和意志努力,自然而然的识记
	有意识记	有明确的目的,并运用一定方法的识记,在识记过程中需要一定的意志努力

续表

分类依据	种类	内涵
识记材料的性质和识记方法的不同	机械识记	根据材料的外在联系,采取多次重复的方式所进行的识记,即平时所说的死记硬背
	意义识记	在理解的基础上,依据材料的内在联系,并运用已有的知识经验而进行的识记

(2)遗忘

①艾宾浩斯遗忘规律

最早对遗忘进行实验研究的是德国心理学家艾宾浩斯,他提出了著名的“遗忘曲线”。曲线表明,遗忘是有规律的,即遗忘的进程是不均衡的,其趋势是先快后慢、先多后少,呈负加速,且到一定的程度就不再遗忘了。

②影响遗忘进程的因素

A. 学习材料的性质。

B. 系列位置效应。系列位置效应就是指接近开头和末尾的记忆材料的记忆效果好于中间部分的记忆效果的趋势。

C. 识记材料的数量和学习程度。实验证明:过度学习达到50%,即学习的熟练程度达到150%时,学习的效果最好。

D. 记忆任务的长久性与重要性。

E. 识记的方法。

F. 时间因素。

G. 情绪和动机。

③遗忘理论

理论	主要观点
消退说	遗忘是记忆痕迹得不到强化而逐渐衰弱,以致最后消退的结果
干扰说	可用前摄抑制和倒摄抑制来说明: 前摄抑制是先学习的材料对识记和回忆后学习材料的干扰作用;倒摄抑制是后学习材料对保持和回忆先学习的材料的干扰作用
压抑(动机)说	遗忘是由于情绪或动机的压抑作用引起的,如果压抑被解除,记忆就能恢复,该理论是弗洛伊德在给病人催眠时发现的
提取失败说	遗忘是一时难以提取出需要的信息,遗忘之所以发生是因为编码不准确,失去了检索线索或线索错误。一旦有了正确的线索,经过搜寻,所需要的信息就能提取出来

④有效组织复习的方法

A. 复习时机要得当。

a. 及时复习；b. 合理分配复习时间；c. 间隔复习；d. 循环复习。

B. 复习方法要合理。

a. 分散复习与集中复习相结合；b. 复习方法多样化；c. 运用多种感官参与复习；d. 尝试回忆与反复识记相结合。

C. 复习次数要适宜。

a. 复习内容的数量要适当；b. 提倡适当的过度学习。

D. 重视对记忆品质的培养。

E. 注意用脑卫生。

考点7 思维 【单选、简答】

思维是人脑对客观事物的本质属性与内在联系的概括的、间接的反映。它是借助语言实现的、能揭示事物本质特征及内部规律的理性认知过程。

思维的过程包括分析与综合、比较与分类、抽象与概括、系统化与具体化等，其中分析和综合是思维的基本过程，其他过程都是由此派生出来的。

思维过程中问题解决的影响因素：(1)问题情境；(2)定势与功能固着；(3)原型启发；(4)已有的知识经验；(5)情绪和动机。

1. 思维的特点

特点	内涵
间接性	思维活动不直接反映作用于感觉器官的事物，而是借助一定的媒介和一定的知识经验对客观事物进行间接的认识
概括性	在大量感性材料的基础上，把一类事物共同的特征和规律抽取出来，加以概括

2. 思维的基本形式

形式	内涵
概念	人脑反映客观事物本质属性的思维形式
判断	用概念去肯定或否定事物具有某种属性的思维形式
推理	从已知的判断推出新的判断的思维形式

3. 思维品质

品质	内涵
敏捷性	思维活动迅速正确，能当机立断
灵活性	能灵活地思考问题
深刻性	能深入地思考问题，善于透过事物的表面现象，抓住事物的实质，揭露事物之间的内在联系
独创性	解决问题的独立性、发散性和新颖性

4. 创造性

创造性的特征包括流畅性、灵活性和独创性。其中，流畅性是指在限定时间内产生观念数量的多少，该特征能反映个体的心智灵活、思路通达的程度；灵活性是指摒弃以往的习惯思维方法而开创不同方向的能力，也叫思维的变通性。

创造性思维的训练方法包括头脑风暴法、戈登的分合法、清单法。其中，头脑风暴法通常以集体讨论的方式进行，鼓励参加者尽可能快地提出各种各样异想天开的设想或观点，相互启迪，激发灵感，从而引发创造性思维的连锁反应，形成解决问题的新思路。

考点 8 想象

想象是人脑对已储存的表象进行加工改造，形成新形象的心理过程。

根据想象有无目的和计划性，想象可分为无意想象和有意想象。

根据创造程度的不同，有意想象可分为再造想象和创造想象。(1)再造想象是依据词语或符号的描述、示意在头脑中形成与之相应的新形象的过程。(2)创造想象是按照一定目的、任务，使用自己以往积累的表象，在头脑中独立地创造出新形象的过程。

幻想是一种与生活愿望相结合并指向于未来的想象，是创造想象的特殊形式。根据想象与现实的关系，可将幻想分为科学幻想、理想和空想。

小学生想象力的培养：

(1)在教学中发展学生的再造想象

①要扩大学生头脑中的表象储备；②教师要帮助学生真正弄懂描述中关键性词句和实物标志的含义；③教师要唤起学生对教材的想象，以加深学生对知识的理解和巩固。

(2)在教学中培养学生的创造想象

①要引导学生学会观察，丰富学生的表象储备；②引导学生积极思考，有利于打开想象力的大门；③引导学生努力学习科学文化知识，扩大学生的知识经验，以发展学生的空间想象能力。

考点 9 观察

观察是人的一种有目的、有计划、持久的知觉活动，是知觉的高级形式。

观察的品质：观察的目的性、观察的精确性、观察的全面性、观察的深刻性。

小学生观察力的培养：

(1)引导学生明确观察的目的与任务，是良好观察的重要条件。

(2)充分的准备、周密的计划、提出观察的具体方法，是引导学生完成观察的重要条件。

(3)在实际观察中应加强对学生的个别指导，有针对性地培养学生良好的观察习惯。

(4)引导学生学会记录整理观察结果，在分析研究的基础上，写出观察报告、日记或作文。

(5)引导学生开展讨论、交流并汇报观察成果，不断提高学生的观察能力、培养良好的观察品质。

真题检测

一、单项选择题

1. [2020 下半年]小学生在背诵一篇较长的课文时，往往中间部分比开头和末尾部分遗忘较多，这是因为其记忆受到了(　　)

A. 前摄抑制　　B. 前摄抑制和倒摄抑制

C. 倒摄抑制　　D. 倒摄抑制和干扰抑制

2. [2020 下半年]在创造性思维训练中，教师要求学生在规定时间内尽可能多地举出“杯子”的用途，这侧重培养的是(　　)

A. 思维的独创性　　B. 思维的灵活性

C. 思维的流畅性　　D. 思维的深刻性

3. [2019 下半年]小学生背诵课文时，为达到最佳的记忆效果，学习程度最好达到(　　)

A. 200%　　B. 150%　　C. 100%　　D. 50%

4. [2019 上半年]橙色往往使人感到温暖，蓝色往往使人感到清凉，这种心理现象属于(　　)

A. 联觉　　B. 感觉对比　　C. 感觉适应　　D. 感觉后像

5. [2017 下半年]周老师在教生字的时候，把容易写错的笔画，用彩笔标出来，这是利用(　　)

A. 知觉的整体性　　B. 知觉的选择性

C. 知觉的理解性　　D. 知觉的恒常性

6. [2017 上半年]成成同学在回答问题时能触类旁通，不墨守成规，说明其思维具有(　　)

A. 广阔性　　B. 流畅性　　C. 变通性　　D. 独创性

7. [2016 上半年]当你注视面前这个棱台框架时，一会儿觉得小方框平面位于大方框平面的前方，一会儿觉得位于大方框平面的后方。这种注意反复变化的现象属于(　　)

A. 注意的分散　　B. 注意的起伏　　C. 注意的分配　　D. 注意的转移

8. [2016 上半年]教师可以通过观察学生的言行举止来了解学生的内心世界。这说明思维具有(　　)

A. 间接性　　B. 概括性　　C. 理解性　　D. 整体性

9. [2015 下半年]在板书写字时，教师常把形近字的相异部分用不同颜色的粉笔写出来，以引起学生的注意，这所运用的感觉规律是(　　)

A. 感觉适应　　B. 感觉后像　　C. 感觉补偿　　D. 感觉对比

二、简答题

10. [2016 下半年]简述如何培养小学生创造想象的能力。

11. [2015 下半年]简述影响学生有意注意的因素。

参考答案及解析

一、单项选择题

1. B　[解析]本题考查遗忘原因的相关理论。前摄抑制是先学习的材料对识记和回忆后学习材料的干扰作用；倒摄抑制是后学习的材料对保持和回忆先学习的材料的干扰作用。小学生背诵一篇较长的课文时，中间部分遗忘较多，这是因为中间部分受到前摄抑制和倒摄抑制的影响，因而最容易遗忘。

2. C　[解析]本题考查创造性思维的特征。思维的独创性是指产生不同寻常的反应和不落常规的能力以及重新定义或按新的方式对所见所闻加以组织的能力；思维的灵活性是指摒弃以往的习惯思维方法而开创不同方向的能力；思维的流畅性是指在限定时间内产生观念数量的多少。题干中强调在规定时间内尽可能多地举出“杯子”的用途，因此这侧重培养的是学生思维的流畅性。

3. B　[解析]本题考查过度学习的内容。实验证明，要使学生的记忆效果最佳，学习程度应达到150%。

4. A　[解析]本题考查感觉的基本规律。一种感觉兼有另一种感觉的心理现象叫联觉。

如红色给人以热烈、紫色给人以高贵、黑色给人以沉重的感觉等。橙色、蓝色不仅引起了视觉,还引起肤觉上的温暖、清凉,这种心理现象就属于联觉。

5.B [解析]本题考查知觉的基本特性。知觉的选择性是指当面对众多的客体时,知觉系统会自动地将刺激分为对象和背景,并把知觉对象优先地从背景中区分出来。周老师在教生字的时候将知觉对象(容易写错的笔画)从背景中突出出来(用彩色笔标记),这是利用了知觉的选择性。

6.C [解析]本题考查创造性的特征。思维的灵活性是指摒弃以往的习惯思维方法而开创不同方向的能力,也叫思维的变通性。成成同学回答问题时能够触类旁通,不墨守成规,说明其思维具有变通性。

7.B [解析]本题考查注意的品质。短时间内注意周期性地不随意跳跃现象称为注意的起伏(或注意的动摇)。它是由于人的感受性不能长时间地保持固定的状态,而是间歇性地加强和减弱造成的。题干中当你注视棱台框架时,小方框和大方框的位置反复变化,不能长时间地保持固定,这属于注意的起伏。

8.A [解析]本题考查思维的特点。思维的间接性是指思维活动不直接反映作用于感觉器官的事物,而是借助一定的媒介和一定的知识经验对客观事物进行间接的认识。题干中教师通过学生的言行举止来了解学生的内心世界,这说明思维具有间接性。

9.D [解析]本题考查感觉的基本规律。感觉对比是同一感受器接受不同的刺激,而使感受性发生变化的现象。题干中教师在板书写字时,把形近字的相异部分用不同颜色的粉笔标记出来,使学生产生不同的刺激,从而引起学生对形近字的相异部分的注意,这所运用的感觉规律是感觉对比。

二、简答题

10.[参考答案](1)在教学中发展学生的再造想象。①要扩大学生头脑中的表象储备。②教师要帮助学生真正弄懂描述中关键性词句和实物标志的含义。③教师要唤起学生对教材的想象,以加深学生对知识的理解和巩固。

(2)在教学中培养学生的创造想象。①要引导学生学会观察,丰富学生的表象储备。②引导学生积极思考,有利于打开想象力的大门。③引导学生努力学习科学文化知识,扩大学生的知识经验,以发展学生的空间想象能力。④注意发展学生的语言能力。⑤结合学科教学,有目的地训练学生的想象力。⑥引导学生进行积极的幻想。

11.[参考答案](1)对活动目的、任务的理解;(2)对事物的间接兴趣;(3)活动的合理组织;(4)个人已有的经验;(5)个人的意志品质。

Day 6

学生指导(二)

今日目标

1. 掌握情感的形式和意志过程的基本阶段。
2. 掌握马斯洛的需要层次理论。
3. 掌握加德纳的多元智力理论。
4. 掌握影响人格形成与发展的因素。
5. 掌握自我意识的发展阶段。

专题一 情绪情感过程

考点 1 情绪

依据情绪发生的强度、持续性和紧张度的不同,可以把情绪状态划分为激情、心境、应激三种。

(1)激情是一种爆发式的、猛烈而时间短暂的情绪状态。它往往带有特定的指向性和较明显的外部行为表现,如暴跳如雷、浑身战栗、手舞足蹈等。

(2)心境是一种微弱的、持续时间较长的、带有弥漫性的情绪状态。“忧者见之则忧,喜者见之则喜”说的就是心境。

(3)应激是出乎意料的紧迫情况所引起的急速而高度紧张的情绪状态。

考点 2 情感 【单选】

情感是同人的社会性需要相联系的主观体验。从情感的社会内容角度来看,人类的情感有道德感、美感和理智感三种形式。

形式	内涵
道德感	根据一定的道德标准评价人的思想、意图和言行时所产生的主观体验。如爱国主义情感、集体主义情感、责任感、事业心、荣誉感、自尊心等
美感	人们根据一定的审美标准对自然或社会现象及其在艺术上的表现予以评价时所产生的情感体验

续表

形式	内涵
理智感	人认识事物和探求真理的需要是否得到满足而产生的主观体验。如人们在探求未知的事物时所表现的求知欲、认识兴趣和好奇心、发现问题的惊奇感、问题解决的喜悦感、为真理献身的自豪感、问题不解的苦闷感等

专题二　意志过程

考点3　意志过程的基本阶段【单选】

意志是指人自觉地确定目的,有意识地根据目的、动机调节支配行动,努力克服困难,实现目标的心理过程。

基本阶段	具体内容	
准备	动机冲突	双趋冲突:从自己同时都很喜爱的两个事物中仅择其一的心理状态。特征:既想……又想……
		双避冲突:从希望回避的两种事物中必取其一的心理状态。特征:既怕(不想)……又怕(不想)……
		趋避冲突:对同一目的兼具好恶的矛盾心理。特征:既想……又怕(不想)……
		多重趋避冲突:对含有吸引与排斥两种力量的多种目标予以选择时所发生的冲突。特征:趋避冲突因素为两个以上
	确定目标	目标的确定与动机的取舍是相随而行的。目标越明确,人的行动越自觉;目标越远大,它对行动的动力作用越大;目标越深刻,被此目标所唤起的意志力也越大
	选择行动方法、制订行动计划	目标确定之后,必须考虑如何实现目标。为了实现目标,必须选择适宜的行动方法和行动计划
执行决定	执行决定阶段是意志行动的中心环节,是意志努力的集中表现。在执行决定的过程中,必然会碰到许多困难。因此,执行决定,克服困难与障碍,需要更大的意志努力	

考点 4 意志的品质

品质	内涵
自觉性	一个人清楚地意识到自己行动的目的和意义,并据此主动调节、支配自己的行动的意志品质
果断性	一个人在面对复杂多变的情境时,能够分辨是非,迅速而合理地采取决定和执行决定的意志品质
自制性	一个人善于根据预期目的或既定要求,控制自己的心理活动和行为的意志品质
坚韧性	一个人在实现预期目标的行动过程中,表现出的坚持不懈、百折不挠、持之以恒、不达目的不罢休的意志品质

专题三　个性心理

考点 5 马斯洛的需要层次理论 【单选、简答】

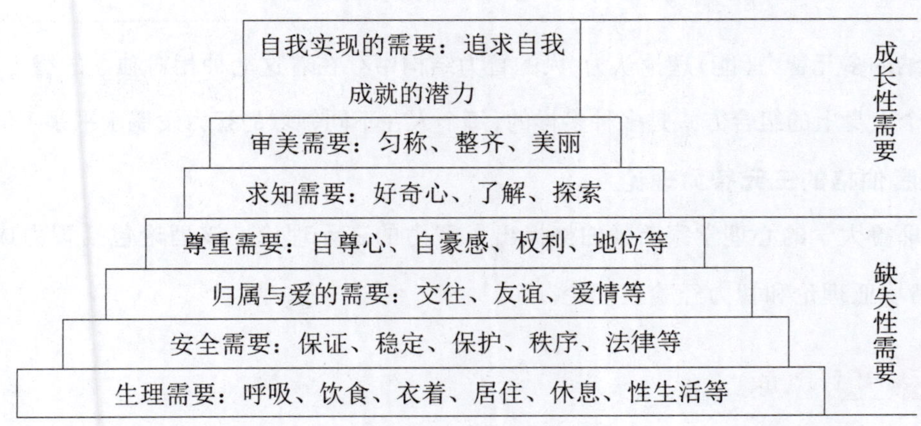

马斯洛的需要层次理论

较低级的需要至少必须部分满足之后才会出现对较高级需要的追求。最占优势的需要将支配一个人的意识和行为,高级需要出现之后,低级需要仍然存在,但对行为的影响减弱了。

考点 6 动机

动机是激发和维持有机体的行动,并使该行动朝向一定目标的心理倾向或内部驱力。

动机的功能:(1)激活功能;(2)指向功能;(3)维持和调节功能(强化功能)。

考点 7 智力理论 【简答】

1. 斯皮尔曼的二因素论

斯皮尔曼认为,智力包括一般因素(即 G 因素)和特殊因素(即 S 因素)。G 因素代表一个人普遍而概括化的能力,参与所有的智力活动。S 因素代表一个人的特殊能力,只在某些特殊方面(如绘画、唱歌等)表现出来。

2. 加德纳的多元智力理论

智力	内容
言语智力	说话、阅读、书写的能力
逻辑—数学智力	数字运算与逻辑思考的能力以及科学分析的能力
视觉—空间智力	认识环境、辨别方向的能力
音乐智力	对声音的辨识与韵律表达的能力
运动智力	支配肢体以完成精密作业的能力
人际智力	即社交智力,与人交往并和睦相处的能力
自知智力	即内省智力,认识自己并选择自己生活方向的能力

加德纳的多元智力(能)理论认为,人的智力结构中存在着这七种相对独立的智力,这七种智力在每个人身上的组合方式是多种多样的,每个人在不同领域的智力发展水平是不同步的。

3. 斯腾伯格的三元智力理论

美国耶鲁大学的心理学家斯腾伯格提出了智力的三元理论。该理论包括智力成分亚理论、智力情境亚理论和智力经验亚理论。

考点 8 气质

气质是表现在心理活动的强度、速度、灵活性与指向性等方面的一种稳定的心理特征,即我们平时说的脾气、秉性。气质可分为胆汁质、多血质、黏液质、抑郁质四种类型。

类型	特征
胆汁质	精力旺盛、粗枝大叶、表里如一、刚强、易感情用事
多血质	反应迅速、有朝气、活泼好动、动作敏捷、情绪不稳定
黏液质	稳重,但灵活性不足;踏实,但有些死板;沉着冷静,但缺乏生气
抑郁质	敏锐、稳重、体验深刻、外表温柔、怯懦、孤独、行动缓慢

在教育教学中，根据学生的不同气质类型，可以从以下几方面做好教育工作：(1)对待学生应克服气质偏见；(2)针对学生气质差异因材施教；(3)帮助学生进行气质的自我分析、自我教育，培养良好的气质品质；(4)特别重视胆汁质和抑郁质学生；(5)组建学生干部队伍时，应考虑学生的气质类型。

考点 9 性格

性格是指人的较稳定的态度与习惯化了的行为方式相结合而形成的人格特征。

(1)性格的类型

①荣格依据个人心理活动的倾向性，把人的性格分为外倾型与内倾型。

②阿德勒依据一个人独立或顺从的程度，把人的性格分为独立型和顺从型。

③根据理智、情绪、意志等三种心理机能在性格结构中何者占优势，性格可以分为理智型、情绪型和意志型。理智型：善于思考问题，三思而后行。情绪型：情绪易波动，并左右行为。意志型：明确目的，自觉支配行动。

(2)性格的结构

①性格的态度特征；②性格的意志特征；③性格的情绪特征；④性格的理智特征。

考点 10 自我意识

自我意识是个体对自己以及自己与周围事物的关系的意识。自我意识是人意识发展的最高阶段，是人格的自我调控系统。

自我意识的发展阶段：

(1)生理自我(自我中心期)。生理自我在 3 岁左右基本成熟。

(2)社会自我(客观化时期)。儿童在 3 岁以后，自我意识的发展进入社会自我阶段。他们从轻信成人的评价逐渐过渡到自我独立评价。社会自我至少年期基本成熟。

(3)心理自我(主观自我时期)。青春期是自我意识发展的第二个飞跃期。

考点 11 人格 【简答】

人格是构成一个人思想、情感及行为的特有模式，是一个人区别于他人的稳定而统一的心理品质。影响人格形成与发展的因素：

(1)生物遗传因素

遗传对人格的作用主要体现在：①遗传是人格不可缺少的影响因素；②遗传因素对人格的作用程度因人格特征的不同而异；③人格发展过程是遗传与环境交互作用的结果，遗传因素影响人格的发展方向及改变。

(2)社会因素

①家庭教养方式。鲍姆宁曾根据控制、成熟的要求、父母与儿童的交往、父母的教养水平等四个指标,将父母的教养行为分成专制型、放纵型和民主型三种方式;②学校教育;③同伴群体。

(3)个人主观因素

社会上各种影响因素,首先要为个人接受和理解,才能转化为个体的需要、动机和兴趣,才能推动他去思考与行动。另外,个体已有的心理发展水平对人格特征形成的作用会随着年龄的增加而日益增强。

真题检测

一、单项选择题

1.[2019 下半年]小学高年级学生自我意识的发展受学校、教师、同伴等影响显著。这表明其自我意识发展处于(　　)

A. 生理自我时期　　B. 社会自我时期

C. 心理自我时期　　D. 精神自我时期

2.[2018 下半年]小英帮助生病在家的小勇辅导功课后,感到很快乐,这种情感属于(　　)

A. 道德感　　B. 美感　　C. 理智感　　D. 幸福感

3.[2018 上半年]小英想当班干部为同学服务,又怕当不好被同学嘲笑。这种心理现象属于(　　)

A. 双趋冲突　　B. 双避冲突

C. 趋避冲突　　D. 多重趋避冲突

4.[2016 下半年]欣欣解决了一个困惑已久的数学难题,心里很高兴,美滋滋地给自己点了个赞。这种情感属于(　　)

A. 美感　　B. 道德感　　C. 理智感　　D. 责任感

5.[2015 上半年]小学生喜欢亲近老师,渴望得到夸奖。这种需要属于(　　)

A. 生理需要　　B. 安全需要

C. 归属与爱的需要　　D. 自我实现的需要

二、简答题

6.[2019 上半年]简述人格形成与发展的影响因素。

参考答案及解析

一、单项选择题

1. B **[解析]** 本题考查自我意识的发展阶段。个体自我意识的发展经历了从生理自我到社会自我、再到心理自我的过程。生理自我是自我意识最原始的形态，儿童在 3 岁以后进入社会自我阶段，心理自我是在青春期开始发展和形成的。小学高年级大约是 10 ~ 12 岁，还未进入青春期，处于社会自我的发展时期。

2. A **[解析]** 本题考查情感的分类。道德感是根据一定的道德标准评价人的思想、意图和言行时所产生的主观体验。它表现在对待国家、集体、工作、事业、学习以及人与人之间的关系等各个方面，如爱国主义情感、集体主义情感、责任感、事业心、荣誉感、自尊心等。题干中小英帮助生病的小勇辅导功课后，感到很快乐，这种情感属于道德感。

3. C **[解析]** 本题考查意志过程中的动机冲突。趋避冲突是指对同一目的兼具好恶的矛盾心理。题干中小英既想当班干部为同学服务，又害怕当不好被同学嘲笑，这体现的动机冲突是趋避冲突。

4. C **[解析]** 本题考查情感的分类。理智感是人认识事物和探求真理的需要是否得到满足而产生的主观体验。欣欣解决了困惑已久的数学难题从而给自己点赞，这种因探索知识而产生的喜悦感属于理智感。

5. C **[解析]** 本题考查马斯洛的需要层次理论。归属与爱的需要，也称社交需要，是指每个人都有被他人或群体接纳、爱护、关注、鼓励及支持的需要。它包括被人爱与热爱他人、保持友谊、被团体接纳等。题干中小学生喜欢亲近老师，渴望得到夸奖，属于归属与爱的需要。

二、简答题

6. **[参考答案]**（1）生物遗传因素。①遗传是人格不可缺少的影响因素；②遗传因素对人格的作用程度因人格特征的不同而异；③人格发展过程是遗传与环境交互作用的结果，遗传因素影响人格的发展方向及改变。（2）社会因素。①家庭教养方式；②学校教育；③同辈群体。（3）个人主观因素。社会上各种影响因素，首先要为个人接受和理解，才能转化为个体的需要、动机和兴趣，才能推动他去思考与行动。另外，个体已有的心理发展水平对人格特征形成的作用会随着年龄的增加而日益增强。

Day 7

学生指导(三)

今日目标

1. 掌握个体身心发展的一般规律及相关内容。
2. 掌握皮亚杰、维果斯基、埃里克森的心理发展理论。
3. 了解学生认知方式的差异和智力的个体差异。
4. 了解心理健康的标准和学校开展心理健康教育的途径。
5. 掌握小学生常见的心理问题和心理辅导方法。

专题一　小学生身心发展

考点1　个体身心发展的一般规律及教育要求 【单选、简答】

规律	内涵及具体表现	教育要求
顺序性	个体的身心发展是一个由低级到高级、由简单到复杂、由量变到质变的连续不断的发展过程 “三翻六坐八爬叉,十二个月喊爸爸”	要循序渐进,不能“揠苗助长”“陵节而施”,早期教育并不是越早越好
阶段性	个体在不同的年龄阶段表现出不同的总体特征及主要矛盾,面临着不同的发展任务 童年期学生的思维特点是具有较大的具体性和形象性,抽象思维能力还比较弱;少年期的学生,抽象思维已有了很大的发展	教育工作必须从教育对象的实际出发,针对不同年龄的学生,提出不同的具体任务,采用不同的教育内容和方法;不能搞“一刀切”“一锅煮”
不平衡性(不均衡性)	同一方面的发展速度,在不同年龄阶段是不平衡的;不同方面发展的不平衡性 青少年的身高和体重有两个生长的高峰期 在生理方面,神经系统、淋巴系统成熟在先,生殖系统成熟在后;在心理方面,感知成熟在先,思维成熟在后,情感成熟则更晚	抓住关键期,以求在最短的时间内取得最佳的效果

续表

规律	内涵及具体表现	教育要求
互补性	指机体某一方面的机能受损甚至缺失后，可通过其他方面的超常发展得到部分补偿；存在于心理机能与生理机能之间 失明者通过听觉、触觉、嗅觉等方面的超常发展得到补偿	教育工作者要树立信心，相信每一个学生；要掌握科学的教育方法，发现学生的优势，扬长避短，长善救失，激发学生自我发展的信心和自觉
个别差异性	◇不同儿童同一方面的发展速度和水平不同，如有些人"少年得志"，有些人则"大器晚成" ◇不同儿童不同方面的发展存在差异，如有的儿童，他们的数学能力较强，但绘画却很差，而有的儿童正好相反 ◇不同儿童所具有的个性心理倾向不同，如同年龄的儿童具有不同的兴趣、爱好和性格等 ◇个别差异也表现在群体间，如男女性别的差异	贯彻因材施教的原则，全面深入地了解每个学生，系统掌握其成长发展的资料，注意对个别学生进行特殊培养，采取弹性教学制度等教学组织形式，如允许加速学习或减速学习，采取能力分组及组织兴趣小组等
整体性	学生是一个整体的人，以其整个身心投入教学生活，并以整个身心来感知、体验、享受和创造这种教学生活	教学应该面对学生的整个身心；教学要着眼于学生的整体性，促进学生的一般发展，注意做到认知因素与非认知因素、意识与潜意识、科学与艺术的统一

考点 2 皮亚杰的认知发展阶段论 【单选】

皮亚杰的理论核心是"发生认识论"。他认为，人的知识来源于动作，动作是感知的源泉和思维的基础。

图式是指人在认识周围世界的过程中，形成自己独特的认知结构。图式是认知结构的起点和核心，是人类认识事物的基础。最初的图式来源于遗传。（最初由康德提出）

适应分为两种不同的类型：同化和顺应。同化是指把客体纳入主体已有的图式的过程。顺应是主体改变其已有图式或形成新的图式以适应外界的变化。同化不改变认知结构；顺应会改变认知结构。平衡是同化和顺应之间的"均衡"。

阶段	年龄区间	特征
感知运动阶段	0～2岁	感觉和动作的分化;"客体永久性"(即知道某人或某物虽然现在看不见但仍然是存在的)的形成;问题解决能力开始得到发展;延迟模仿的产生
前运算阶段	2～7岁	早期的信号功能;自我中心性(中心化);思维的不可逆性;不能够推断事实;泛灵论;不合逻辑的推理;不能理顺整体和部分的关系;认知活动具有具体性,还不能进行抽象的思维运算
具体运算阶段	7～11岁	◇能够运用逻辑思维解决具体问题,但必须依赖于实物和直观形象的支持才能进行逻辑推理和运用逻辑思维解决问题,不能够进行纯符号运算 ◇去自我中心性(去中心化);可逆性;守恒(即儿童认识到客体在外形上发生了变化,但特有的属性不变);分类;序列化
形式运算阶段	11岁～成人	◇儿童思维发展趋于成熟 ◇命题之间的关系;假设—演绎推理;类比推理;抽象逻辑思维;可逆与补偿;反思能力;思维的灵活性;形式运算思维的逐渐发展

考点 3 维果斯基的最近发展区理论

内化说是维果斯基心理发展观的核心思想。

"最近发展区"的思想:维果斯基认为,儿童有两种发展水平:一是儿童的现有水平,即由一定的已经完成的发展系统所形成的儿童心理机能的发展水平;二是可能达到的发展水平。这两种水平之间的差异,就是最近发展区。所谓最近发展区是指儿童在有指导的情况下,借助成人的帮助所能达到的解决问题的水平与独自解决问题所达到的水平之间的差异,即两个邻近发展阶段间的过渡状态。

在维果斯基看来,教学的可能性由学生的最近发展区决定,"教学应该走在发展的前面"。这里有两层含义:(1)教学在发展中起主导作用。它决定着儿童的发展,决定着发展的内容、水平、速度及智力活动的特点。(2)教学创造着最近发展区。教学的最佳效果产生于"最近发展区"。

考点 4 埃里克森的人格发展阶段理论 【单选】

埃里克森认为,人格发展是一个逐渐形成的过程,必须经历八个顺序不变的阶段,其中前五个阶段属于儿童成长和接受教育的时期。

年龄区间	发展冲突	发展任务
0～1.5岁	基本的信任感对基本的不信任感	培养信任感
2～3岁	自主感对羞耻感	培养自主性
4～5岁	主动感对内疚感	培养主动性
6～11岁	勤奋感对自卑感	培养勤奋感
12～18岁	自我同一性对角色混乱	培养自我同一性

其他三个阶段分别为：亲密感对孤独感（成年早期）、繁殖感对停滞感（成年中期）、自我整合对绝望感（成年晚期）。

考点5 学生的认知方式差异

认知方式又称认知风格，是个体在认知活动中加工和组织信息时所显示出来的独特而稳定的风格。认知方式无好坏之分，主要影响学生的学习方式。

代表人物	认知方式	主要表现
赫尔曼·威特金	场依存型	◇对客观事物的判断常以外部线索为依据，其态度和自我认知易受到周围环境或背景的影响，往往不易独立地对事物做出判断，而是人云亦云，从他人处获得标准 ◇行为表现为社会敏感性强，爱好社交活动
	场独立型	◇对客观事物的判断常以自己的内部线索为依据，不易受周围环境因素的影响和干扰，倾向于对事物的独立判断 ◇行为表现为社会敏感性差，不善于社交，关心抽象的概念和理论，喜欢独处
杰罗姆·卡根	冲动型	在解决认知任务时，总是急于给出问题的答案，而不习惯对解决问题的各种可能性进行全面思考，有时问题还未弄清楚就开始解答
	沉思型	在解决认知任务时，总是谨慎、全面地检查各种假设，在确认没有问题的情况下才会给出答案
吉尔福特	辐合型	搜集或综合信息与知识，运用逻辑规律缩小解答范围，直到找到最合适的唯一正确解答
	发散型	产生多种可能的答案而不是唯一正确的答案

代表人物	认知方式	主要表现
——	具体型	善于比较深入地分析某一具体观点或情境，但必须把尽可能多的信息提供给他们，否则很容易使他们产生偏见
	抽象型	能够看到某个问题或论点的众多方面，可以避免刻板印象，能够容忍情境的模糊性并能进行抽象程度较高的思考

考点 6 学生智力的个体差异

智力反映了一个人的聪明程度，而且这种聪明程度可以通过智力商数(IQ)来衡量。

智力的个体差异具体表现：

(1)智力类型差异主要是指学生在知觉、记忆、想象和思维等方面表现出的差异。例如，有的人长于想象，有的人长于记忆，有的人长于思维等。

(2)智力发展水平的差异(即一般能力的差异)指的是个体之间或个体内部智力水平高低不同的程度。一般认为，IQ 超过 130 为智力超常，低于 70 为智力落后。

专题二　小学生心理健康教育

考点 7 心理健康概述

世界卫生组织认为，心理健康是一种良好的、持续的心理状态与过程，表现为个体具有生命的活力，积极的内心体验，良好的社会适应能力，能够有效地发挥个人的身心潜力以及作为社会一员的积极的社会功能。

心理健康是个体心理活动在自身及环境条件许可范围内所能达到的最佳功能状态。心理健康至少包括两层含义：一是无心理疾病；二是有一种积极发展的心理状态。

心理健康的标准包括：(1)自我意识正确；(2)人际关系协调；(3)性别角色分化；(4)社会适应良好；(5)情绪积极稳定；(6)人格结构完整。

考点 8 学校开展心理健康教育的途径

(1)开设心理健康教育的有关课程和心理辅导的活动课。

(2)在学科教学中渗透心理健康教育的内容。

(3)结合班级、团队活动开展心理健康教育。

(4)个别心理辅导或咨询。

(5)小组辅导。

考点 9 小学生常见的心理问题 【单选】

小学生常见的心理健康问题有多动症、焦虑症、抑郁症、强迫症、恐怖症、厌学症等。

多动症	概念	多动症,又称儿童多动综合征,是小学生中最为常见的一种以注意力缺陷和活动过度为主要特征的行为障碍综合征。高峰发病年龄为 8~10 岁,多为 7 岁前就有异常表现,男性儿童的患病率明显高于女性
	特征	(1)活动过多。这类儿童的多动与一般儿童的好动不同,他们的活动是杂乱无章的、缺乏组织性和目的性 (2)注意力不集中。注意力集中困难是该类儿童突出的、持久的临床特征 (3)冲动行为。多动症儿童的行动多先于思维,即他们经常未考虑就行动
	原因	(1)先天体质上的原因。例如,产前、产中和产后缺血、缺氧引起的轻微脑损伤和遗传因素的作用 (2)社会因素。不安的环境可能引起他们的精神高度紧张,如父母的经常性批评等
	治疗方法	(1)多动症可以在医生指导下采用药物治疗,这是当前最主要的治疗方法 (2)行为疗法。采用各种行为疗法(如强化奖励法、代币法等)的重点在于培养和发展其自制力、注意力 (3)自我指导训练的方法。即发展儿童的自我对话,加强内部言语对自身行为的引导和控制作用
焦虑症	概念	◇焦虑症是以与客观威胁不相适应的焦虑反应为特征的神经症 ◇学生中常见的焦虑反应是考试焦虑。考试焦虑是指人由于面临考试而产生的一种特殊的心理反应,是在一定的应试情境下,受个体认知评价能力、人格倾向与其他身心因素制约,以担忧为基本特征,以防御或逃避为行为方式,通过一定程度的情绪反应所表现出来的心理状态
	表现	(1)情绪方面:紧张不安,忧心忡忡 (2)注意和行为方面:注意力集中困难,极端敏感,对轻微刺激做过度反应,难以做出决定 (3)躯体症状方面:心跳加快,过度出汗等 (4)考试焦虑的表现是随着考试临近,心情极度紧张;考试时注意力不集中,知觉范围变窄,思维刻板,出现慌乱,无法发挥正常水平
	原因	(1)学校的统考和应试教育体制使学生缺乏内在自尊 (2)家长对子女期望过高 (3)学生的个性过于争强好胜,缺乏对于失败的耐受力等

续表

焦虑症	治疗方法	(1)采用肌肉放松、系统脱敏等方法 (2)采用认知矫正程序,指导学生在考试中使用正向的自我对话。如:"我能应付这个考试" (3)锻炼学生的性格,提高挫折应对能力 (4)往最好处做,不要计较最后结果 (5)考前要注意调节情绪
抑郁症	概念	抑郁症是以持久的心境低落为特征的神经症。个体有过度的抑郁反应,通常伴随有严重的焦虑感
	表现	(1)情绪消极、悲观、颓废、淡漠、失去满足感和对生活的乐趣 (2)消极的认知倾向,低自尊、无能感,对未来没有期望 (3)动机缺乏、被动、缺乏热情 (4)肢体疲劳、失眠、食欲不振
	原因	(1)行为主义者认为抑郁症是由多次不愉快的经历、生活中缺乏强化鼓励造成的 (2)精神分析学派认为抑郁来源于各种丧失和失落(失去爱、失去地位) (3)认知学派认为,抑郁源于个人自我贬低式的思维方式或者不适当的归因方式
	治疗方法	(1)首先要给当事人以情感支持与鼓励 (2)采用合理情绪疗法,调整当事人消极的认知状态 (3)积极行动起来,从活动中体验成功与愉快 (4)服用抗抑郁药物
强迫症	概念	◇强迫性神经症,是一种神经官能症。7~8岁是儿童出现强迫症的高发期 ◇强迫症包括强迫观念和强迫行为。强迫观念是指当事人身不由己地思考他不想考虑的事情;强迫行为是指反复去做他不希望执行的动作,如不这样想、不这样做,就会感到极端焦虑
	表现	(1)强迫性计数;(2)强迫性洗手;(3)强迫性自我检查;(4)刻板的仪式性动作或其他强迫行为
	原因	(1)社会心理原因,包括学习过度紧张、家庭要求过于严格、学习困难、人际关系不良等 (2)个人原因,如胆小怕事、优柔寡断、偏执刻板
	治疗方法	(1)药物治疗 (2)行为治疗。如暴露与阻止反应,主要用于控制当事人的刻板行为 (3)建立支持性环境 (4)森田疗法。强调放弃对强迫行为做无用控制的意图,而采取"忍受痛苦,顺其自然"的态度

续表

恐怖症	概念	恐怖症是对特定的无实际危害的事物与场景的非理性的惧怕。恐怖症可分为单纯恐怖(对一件具体的东西、动作或情境的恐惧)、广场恐怖(害怕大片的水域、空荡荡的街道)和社交恐怖(即在社交场合下几乎不可控制地诱发即刻的焦虑发作,并对社交性场景持久地、明显地害怕和回避)
	表现	学生的恐怖症主要表现为学校恐怖症和社交恐怖症: (1)学校恐怖症表现为儿童害怕上学,严重者还会害怕与学校有关的东西,如怕老师、怕去教室等,有些儿童还会出现上学前身体不舒服等保护行为,学校恐怖症会导致儿童不能正常学习,成绩落后 (2)社交恐怖症表现为害怕在社交场合讲话,担心自己因双手发抖、脸红、声音颤抖、口吃而暴露自己的焦虑,觉得自己说话不自然,因而不敢抬头,不敢正视对方的眼睛
	原因	(1)直接经验刺激 (2)观察学习 (3)对某些事物或情境的危险做出了不切实际的评估 (4)学校恐怖症产生的原因与儿童过分恋家、还没有适应学校生活、害怕学业失败、教师严厉的管教和处理问题不当以及家长过高的期望有关
	治疗方法	(1)系统脱敏法是治疗恐怖症最常用的方法 (2)改善人际关系,营造宽松、自由的氛围,适当减轻当事人的压力
厌学症	概念	又称学习抑郁症,是由人为因素造成的儿童情绪上的失调状态,如厌恶学习
	表现	(1)对学习不感兴趣,讨厌学习,一提到学习就心烦意乱,焦躁不安 (2)他们对教师或家长有抵触情绪,学习成绩不好,有的还兼有品德问题 (3)儿童厌学情绪严重或受到一定的诱因影响时,往往会发生旷课、逃学或辍学现象
	原因	(1)学校教育的失误。如填鸭式教育 (2)家庭教育的不当 (3)社会不良风气的影响。如一切向“钱”看,读书无用论

续表

厌学症	治疗方法	(1)教师通过灵活多样的课堂教学活动和丰富多彩的第二课堂活动来调动学生的学习积极性 (2)家长需要改变自己的教养态度,采用民主式教养方式,建立和谐的家庭气氛 (3)纠正一些不良的社会风气,尽量避免这些风气对儿童的不良影响 (4)作为学生自身来说,要调整好心态,要有自信心,以坚毅的性格、乐观的态度为人处世,坚信付出必有收获 (5)要彻底遏制"厌学"的根源,还必须从根本上改革目前的应试教育体制,必须将素质教育的推广落到实处,要让教育成为大众的、快乐的科学教育

考点10 小学生心理辅导 【单选】

心理辅导是指教师直接或间接地对学生在适应与发展上的问题给予帮助和指导,以及对有关心理和行为障碍进行诊断矫正的过程。常用的心理辅导的方法有:

心理辅导的方法	主要技术	具体内容
行为疗法	强化法	◇用来培养新的适应行为 ◇一个行为发生后,如果紧跟着一个强化刺激,这个行为就可能再一次发生
	代币奖励法	◇一种象征性强化物,筹码、小红星、盖章的卡片、特制的塑料币等都可作为代币 ◇当学生做出教师所期待的良好行为后,教师就发给他们数量相当的代币作为强化物,学生用代币可以兑换有实际价值的奖励物或活动
	行为塑造法	通过不断强化逐渐趋近目标的反应,来形成某种较复杂的行为
	示范法	◇观察、模仿教师呈现的范例或榜样,是学生学习社会行为的重要方式 ◇模仿学习的机制是替代强化
	处罚法	消除不良行为
	自我控制法	让学生自己运用学习原理,进行自我分析、监督、强化和惩罚,以改善自身的行为

续表

心理辅导的方法	主要技术	具体内容
行为疗法	放松训练	又被称为松弛训练，是一种通过机体的主动放松来增强行为者对体内的自我控制能力的有效方法
	系统脱敏疗法	当某些人对某事物、某环境产生敏感反应(害怕、焦虑、不安)时，我们可以在当事人身上发展起一种不相容的反应，使其对本来可引起敏感反应的事物，不再发生敏感反应
	肯定性训练	也叫自信训练，目的是促进个人在人际关系中公开表达自己真实的情感和观点，维护自己的权益也尊重别人的权益，发展人的自我肯定行为
认知疗法	理性—情绪疗法(RET)	◇又称合理情绪疗法，是20世纪50年代由艾利斯在美国创立的，他提出了解释人的行为的ABC理论 ◇人们持有的不合理信念总结起来有三个特征：绝对化要求、过分概括化和糟糕至极
精神分析疗法	移情分析法	移情是来访者将自己过去对生活中某些重要人物的情感投射到咨询师身上的过程

真题检测

一、单项选择题

1. [2020下半年]小学教育要抓住儿童发展的“关键期”，这是由于个体身心发展具有(　　)

A. 顺序性　　B. 阶段性　　C. 不均衡性　　D. 个别差异性

2. [2019上半年]在心理辅导中，小学生有时会把辅导老师当成自己的父母，以获得情感的满足。这种心理现象属于(　　)

A. 共情　　B. 移情　　C. 同情　　D. 激情

3. [2018下半年]人们常说“三翻六坐八爬叉，十二个月喊爸爸”，这一说法所体现的儿童身心发展规律是(　　)

A. 稳定性　　B. 顺序性　　C. 不平衡性　　D. 个体差异性

4. [2018上半年]人的身心发展是由低级到高级、连续的、不可逆的过程。这反映了人的身心发展具有(　　)

A. 阶段性　　B. 整体性　　C. 顺序性　　D. 差异性

5. [2016 下半年]根据埃里克森的人格发展阶段理论,6~12 岁儿童人格发展的主要任务是获得(　　)

A. 勤奋感　　B. 主动感　　C. 自主感　　D. 自我同一感

6. [2016 下半年]小军在上幼儿园时,将自己最喜欢的玩具汽车送给妈妈作为生日礼物;三年级时,他送给妈妈的生日礼物是妈妈喜欢的漂亮发夹。这一转变说明他的思维已进入(　　)

A. 感知运动阶段　　B. 前运算阶段　　C. 具体运算阶段　　D. 形式运算阶段

7. [2016 下半年]在下列矫正学生行为的方法中,不属于行为疗法的是(　　)

A. 强化法　　B. 暂时隔离法　　C. 系统脱敏法　　D. 合理情绪疗法

8. [2015 下半年]对小学生进行减压团体心理辅导时,采用的思想放松方法主要属于(　　)

A. 行为疗法　　B. 艺术疗法　　C. 认知疗法　　D. 精神分析疗法

二、简答题

9. [2019 下半年]简述维果斯基的"最近发展区"理论及其教育启示。

参考答案及解析

一、单项选择题

1. C　[解析]本题考查个体身心发展的规律。根据个体身心发展的不均衡性这一规律可知,教育教学工作要抓住关键期,以求在最短的时间内取得最佳的效果。故本题选 C。

2. B　[解析]本题考查小学生心理辅导的方法。移情是来访者将自己过去对生活中某些重要人物的情感投射到咨询师身上的过程。小学生把辅导老师当成自己的父母,以获得情感的满足,这种心理现象就属于移情。

3. B　[解析]本题考查个体身心发展的一般规律。身心发展的顺序性是指人的身心发展是一个由低级到高级、由简单到复杂、由量变到质变的连续不断的发展过程。题干中描述的"三翻六坐八爬叉,十二个月喊爸爸"表明儿童的发展是按照一定顺序进行的,故体现了个体身心发展的顺序性。

4. C　[解析]本题考查个体身心发展的一般规律。身心发展的顺序性是指人的身心发展是一个由低级到高级、由简单到复杂、由量变到质变的连续不断的发展过程。由题干中的"由低级到高级""连续""不可逆"等词可知,人的身心发展具有一定的顺序,且不以人的意志为转移。故题干中是个体身心发展的顺序性的表现。

5. A　[解析]本题考查埃里克森的人格发展阶段理论。根据埃里克森的人格发展阶段理论,6~12 岁儿童的发展任务是培养勤奋感。在这个时期,多数儿童已进入学校,第一次接受社会赋予他并期望他完成的任务。

6. C [解析]本题考查皮亚杰的认知发展阶段理论。幼儿园时期,小军的认知发展处于前运算阶段,思维具有自我中心性,还不能设想他人所处的情境,常以自己的经验为中心,从自己的角度出发来观察和理解世界。因此,送给妈妈的生日礼物是自己最喜欢的玩具汽车。小学三年级时,小军的认知发展处于具体运算阶段,他能够多角度地看待和理解事物,即去自我中心,知道送给妈妈的生日礼物应该是她喜欢的漂亮发夹。故答案选C项。

7. D [解析]本题考查心理辅导的方法。理性—情绪疗法(RET),又称合理情绪疗法,是20世纪50年代由艾利斯在美国创立的,它是认知疗法的一种。

8. A [解析]本题考查心理辅导的方法。放松训练就是训练求助者,使其能随意地放松自己的全身肌肉,以便随时保持心情放松的状态,从而缓解紧张、焦虑情绪等。这种方法简便易行,较少受时间、地点、经费等条件限制,还可提高求助者改善症状的速度。对小学生进行减压团体心理辅导时,最适合的方法就是放松训练,而放松训练是行为疗法中使用最广的技术之一。

二、简答题

9. [参考答案](1)维果斯基认为,儿童有两种发展水平:一是儿童现有的水平,即由一定的已经完成的发展系统所形成的儿童心理机能的发展水平;二是可能达到的发展水平。这两种水平之间的差异,就是最近发展区。所谓最近发展区是指儿童在有指导的情况下,借助成人的帮助所能达到的解决问题的水平与独自解决问题所达到的水平之间的差异,即两个邻近发展阶段间的过渡状态。

(2)根据上述思想,维果斯基提出“教学应当走在发展的前面”的观点。该观点包括两层含义:①教学在发展中起主导作用;②教学创造着最近发展区。

学生指导(四)

今日目标

1. 掌握品德的心理结构和其发展的基本理论。
2. 了解小学生态度和品德的形成与培养。
3. 理解德育目标、德育过程和德育原则。
4. 掌握小学德育的途径与方法。
5. 了解小学美育的相关内容。
6. 掌握小学生卫生保健、常见传染病的预防和意外伤害事故的处理办法。

专题一　小学德育

考点 1　品德的概念与心理结构　【单选】

品德是道德品质的简称,是个体依据一定的社会道德准则规范自己行动时所表现出来的稳定的心理倾向和特征。品德的心理结构包括道德认知、道德情感、道德意志和道德行为。

心理结构	主要内容
道德认知	对于道德行为规范及其意义的认识,是个体品德中的核心部分。它是个体道德的基础,是道德情感、道德意志产生的依据
道德情感	◇人的道德需要是否得到实现及其所引起的一种内心体验,也就是人在心理上所产生的对某种道德义务的爱憎、喜恶等情感体验 ◇当道德认知(道德观念)和道德情感成为经常推动个人产生道德行为的内部动力时,它们就成为道德动机。道德动机是道德行为的直接动因 ◇典例:爱国主义情感、集体主义情感
道德意志	个体自觉地调节道德行为,克服困难,以实现预定道德目标的心理过程
道德行为	◇道德形成的最终环节,是指个体在一定的道德意识支配下表现出来的对他人和社会的有道德意义的活动 ◇衡量道德品质的重要标志

考点 2 品德发展的理论 【单选】

<table>
<tr><th>理论</th><th colspan="2">主要内容</th></tr>
<tr><td rowspan="9">科尔伯格的品德发展阶段理论</td><td colspan="2">采用“道德两难故事法”进行研究，最典型的就是用“海因茨偷药”的故事，让儿童对道德两难问题做出判断</td></tr>
<tr><td rowspan="3">前习俗水平</td><td>大约出现在幼儿园及小学中低年级</td></tr>
<tr><td>特征：个体着眼于人物行为的具体结果及其与自身的利害关系，认为道德的价值不决定于人及准则，而是决定于外在的要求</td></tr>
<tr><td>分两个阶段：(1)服从与惩罚的道德定向阶段；(2)相对功利的道德定向阶段</td></tr>
<tr><td rowspan="3">习俗水平</td><td>小学中年级出现，一直到青年、成年</td></tr>
<tr><td>特征：个体着眼于社会的希望和要求，能够从社会成员的角度去思考道德问题；开始意识到人的行为必须符合群体或社会的准则；能够了解、认识社会行为规范，并遵守、执行这些规范</td></tr>
<tr><td>分两个阶段：(1)好孩子的道德定向阶段；(2)维护权威或秩序的道德定向阶段</td></tr>
<tr><td rowspan="2">后习俗水平</td><td>特征：个体不只是自觉遵守某些行为规则，还认识到法律的人为性，并在考虑全人类的正义和个人尊严的基础上形成某些超越法律的普遍原则</td></tr>
<tr><td>分两个阶段：(1)社会契约的道德定向阶段；(2)普遍原则的道德定向阶段</td></tr>
<tr><td rowspan="3">皮亚杰的道德发展阶段理论</td><td colspan="2">采用“对偶故事法”对儿童道德判断的发展进行研究，发现并总结出：儿童道德的发展经历从他律到自律的转化发展过程</td></tr>
<tr><td colspan="2">10 岁是儿童从他律道德向自律道德转化的分水岭</td></tr>
<tr><td colspan="2">分为四个阶段：
(1)自我中心阶段(2～5 岁)：又称前道德阶段。这一阶段的儿童还不能把自己同外部环境区别开来，而把外部环境看作他自身的延伸。规则对他来说不具有约束力
(2)权威阶段(6～8 岁)：又称他律道德阶段。这一阶段的儿童服从外部规则，接受权威指定的规范，把人们规定的准则看作是固定的、不可变更的，而且只根据行为后果来判断对错
(3)可逆性阶段(9～10 岁)：又称自律道德阶段。这一阶段的儿童既不单纯服从权威，也不机械地遵守规则，要求平等。根据行为的动机来判断对错
(4)公正阶段(11～12 岁)：这一阶段的儿童开始倾向于主持公正、平等，体验到公正、平等应该符合每个人的特殊情况。公正的奖惩不能是千篇一律的，应根据每个人的具体情况进行</td></tr>
</table>

考点 3 小学生态度和品德的形成与培养 【单选】

1. 品德的形成过程

阶段	内涵
依从	即表面上接受规范，按照规范的要求来行动，实质上对规范缺乏认识，甚至有抵触情绪，它是规范内化的初级阶段，是品德建立的开端
认同	即在思想、情感、态度和行为上主动接受他人的影响，并试图与榜样相接近
内化	指在思想观点上与社会规范及其价值一致，将自己所认同的思想和自己原有的观点、信念融为一体，构成一个完整的价值体系

2. 态度与品德形成的影响因素

(1)外部条件。①家庭教养方式。②社会风气。③同伴群体。④学校教育，其在学生品德发展中起着主导作用。

(2)内部条件。①认知失调，它是态度改变的先决条件；②态度定势；③道德认知。

3. 态度与品德的培养方式

(1)有效的说服；(2)树立良好的榜样，这是加强道德行为的途径；(3)利用群体约定；(4)价值辨析；(5)给予适当的奖励和惩罚。

巧学妙记 嫁(价值辨析)给有理数。

考点 4 小学德育的目标

德育目标是德育工作的出发点，制约着德育工作的基本过程。小学德育目标具体包括以下几个方面：

(1)培养学生正确的政治方向，初步形成科学的世界观和共产主义道德意识。

(2)培养学生良好的道德认识和行为习惯。小学德育的重点是培养学生良好的道德行为习惯。

(3)培养学生的道德思维和道德评价能力。

(4)培养学生的自我教育能力。

考点 5 小学德育过程

1. 德育过程的构成要素

德育过程通常由教育者、受教育者、德育内容和德育方法四个相互制约的要素构成。教育者是德育过程的组织者、领导者，在德育过程中起主导作用。在德育过程中，受教育者既是德育的客体，又是德育的主体。

2. 德育过程的基本规律

(1)德育过程是对学生知、情、意、行的培养与提高过程。

(2)德育过程是一个促进学生思想内部矛盾斗争的发展过程,是教育与自我教育相结合的过程。

(3)德育过程是组织学生的活动和交往,统一多方面教育影响的过程。

(4)德育过程是一个长期的、反复的、逐步提高的过程。

考点 6 小学德育的原则

德育原则是根据教育目的、德育目标和德育过程规律而提出的指导德育工作的基本要求。

原则	内涵
导向性原则	进行德育时要有一定的理想性和方向性,以指导学生向正确的方向发展
疏导原则	也就是循循善诱原则,指进行德育时要循循善诱、以理服人,从提高学生认识入手,调动学生的主动性,使他们积极向上
尊重信任学生与严格要求学生相结合原则	在德育过程中,教育者既要尊重信任学生,又要对学生提出严格的要求,把严和爱有机地结合起来,使教育者的合理要求转化为学生的自觉行动
教育影响的一致性与连贯性原则	在德育工作中,教育者应主动协调多方面教育力量,统一认识和步调,有计划、有系统、前后连贯地教育学生,发挥教育的整体功能,培养学生正确的思想品德
因材施教原则	教育者在德育过程中,应根据学生的年龄特征、个性差异以及品德发展现状,采取不同的方法和措施,加强德育的针对性和实效性,努力做到“一把钥匙开一把锁”

考点 7 小学德育的途径和方法 【单选、简答】

1. 德育途径

德育途径是指学校教育者对学生实施德育时可供选择和利用的渠道,又称为德育组织形式。我国学校进行德育的途径有:(1)思想品德课与其他学科教学;(2)课外、校外活动;(3)劳动;(4)少先队活动;(5)班主任工作;(6)班会、校会、周会、晨会。其中基本途径是思想品德课与其他学科教学。

2. 德育方法

方法	主要内容
说服教育法	又叫说理教育法,是通过语言说理,使学生明晓道理,分清是非,提高品德认识的德育方法,是德育工作的基本方法
榜样示范法	◇用榜样人物的优秀品德来影响学生的思想、情感和行为的德育方法 ◇运用榜样示范法要注意:(1)选好学习的榜样;(2)激起学生对榜样的敬慕之情;(3)狠抓落实,引导学生用榜样来调节行为,提高修养

续表

方法	主要内容
陶冶教育法	教师利用环境和自身的教育因素，对学生进行潜移默化的熏陶和感染，使其在耳濡目染中受到感化的德育方法
实际锻炼法	◇有目的地组织学生参加各种实际活动，使其在活动中锻炼思想，增长才干，培养优良的思想和行为习惯的德育方法 ◇锻炼的方式：学习活动、社会活动、生产劳动和课外文体科技活动
品德修养指导法	◇教师指导学生自觉主动地进行学习、自我品德反省，以实现思想转化及行为控制的德育方法 ◇主要包括学习、自我批评、座右铭、自我实践体验与锻炼等
品德评价法	◇通过对学生品德进行肯定或否定的评价而予以激励或抑制，促使其品德健康形成和发展的德育方法 ◇包括奖励、惩罚、评比和操行评定等 ◇运用品德评价法要注意：(1)公平、正确、合情合理；(2)发扬民主，获得群众支持；(3)注重宣传与教育；(4)奖励为主，抑中带扬

温馨提示

德育方法是常考点，多以单项选择题的形式出现。在复习时，可与其他相关内容进行结合，如复习榜样示范法时，可结合教师劳动的示范性特点进行识记。

专题二　小学美育

考点 8　美育的任务

美育的主要任务是培养学生健康的审美观，发展他们鉴赏美、创造美的能力，培养他们的高尚情操与文明素养的教育。小学美育的主要任务有：

(1)培养学生正确的审美观点，使他们具有感受美、理解美和鉴赏美的知识与技能。

(2)培养学生参加艺术活动的技能，发展他们体现美和创造美的能力。

(3)培养学生心灵美和行为美，使他们在生活中体现内在美和外在美的统一。

考点 9　美育实施的途径与方法

1. 实施途径

(1)通过课堂教学和课外文化艺术活动进行美育。

(2)通过大自然进行美育。

(3)在日常生活中进行美育。

(4)通过教师的示范作用对学生进行美育。

2. 实施方法

(1)教师教导法;(2)欣赏法;(3)活动法和实践法。

专题三　小学生安全教育

考点10　小学生医疗保健

症状	应对措施
发热	在头上放一块冷湿毛巾或冰袋,进行冷敷降温。发热的原因有很多,出现发热后要求立即就医,查明原因
头痛	测一下体温,看他是否发热;如果经常头痛,找一找有无引起他精神紧张的事情,如休息不好、压力过大等;当出现头痛且没有其他的症状时,应该让他在安静的环境中休息一下;如果头痛并伴有其他症状,应该嘱咐其立即就医
咳嗽	如果出现咳嗽,应嘱咐其多喝水,以减轻喉部的不适感;如果咳嗽有痰,可以在他咳嗽时轻拍其背部,帮助他把痰液咳出;如果咳嗽严重,应嘱咐其尽早请医生诊治
呕吐	吐了一阵后,会感觉舒服,但如果不停地呕吐或间断性呕吐达6小时以上,就要引起注意,需要就医
腹痛	如果有学生发生腹痛,教师可以轻轻抚摸他的腹部,帮助缓解疼痛;如果腹痛严重,有阵发性剧烈腹痛,或持续性腹痛,或腹痛伴有腹胀、呕吐等,应嘱咐其立即去医院诊治
腹泻	教师要提醒学生在日常生活中注意天气的变化,避免着凉,运动后不要大量饮用凉饮料。注意饮食卫生,不吃不洁、过期或剩下的食物,既不要暴饮暴食,也不要吃得过少
鼻出血	在场人员和患者都不要紧张,让患者坐下或躺下;嘱咐患者用自己的手指捏住鼻子,暂时用口呼吸,以便压住止血点;立即用清洁棉花、布片或软纸由鼻孔塞入,压迫出血点止血,如能浸渍肾上腺素或麻黄碱溶液而后塞入,则止血效果更好
眼睛被酸、碱烧伤	立即用大量的生理盐水冲洗,如果没有生理盐水,可以用冷开水、自来水冲洗眼睛。冲洗后,马上送医院做进一步的治疗

考点11 小学生卫生保健 【单选】

小学卫生保健工作的主要内容有教学卫生保健、个人卫生保健、环境卫生保健、营养卫生保健、合理的作息制度。教学卫生主要是指学生的用脑卫生和用眼卫生。合理的作息制度是保证学生有规律地进行学习、劳动和休息,使他们健康成长的必要条件。营养卫生保健主要是满足小学生所需要的宏量营养素和微量维生素。

其中,维生素分脂溶性(维生素 A、D、E、K)和水溶性(除维生素 A、D、E、K 外的其他维生素)两类。它们对维持人体正常生长发育和调节生理功能至关重要。

维生素	缺乏症	补充食物
维生素 A	夜盲症、眼干燥症	鱼肝油、胡萝卜、蔬菜水果等
维生素 B_1	皮肤炎症、脚气病	谷物、新鲜蔬果、牛乳等
维生素 B_2	口角炎、日光性皮炎	蛋黄、牛乳、酵母、动物肝脏
维生素 C	维生素 C 缺乏症(又称"坏血病")	各类新鲜蔬果
维生素 D	佝偻病	蛋黄、牛乳、酵母等,适当的日光浴也可获得维生素 D
维生素 E	上皮细胞变性、孕育异常	坚果、新鲜蔬果
维生素 H(又称生物素)	脱发	动物肝脏、肾脏、酵母、牛乳等
维生素 M(又称叶酸)	白细胞减少、巨幼细胞贫血	新鲜蔬果、动物肝脏、酵母等

考点12 小学生常见传染病预防 【单选】

学校对急性传染病主要是采取控制传染源、切断传播途径、保护易感人群的综合性预防措施。其中早期发现传染病人要及时上报,这是预防传染病的首要措施。

经常性的预防措施:提高学生身体的抵抗力和切断传染病的传播途径。

传染病流行时的措施:(1)执行"五早"(早发现、早报告、早隔离、早诊断、早治疗),以控制传染病的蔓延;(2)做好消毒和检疫;(3)采用药物预防。

考点13 意外伤害事故的处理办法 【单选】

1. 脑震荡

儿童跌伤、撞伤头部,常可致脑震荡。脑震荡是指颅骨无损伤,只是外力波及颅内,使脑受到震荡,引起短暂的脑功能障碍。受伤后可有短时间的意识丧失,一般持续几分钟,最多不超过半小时。清醒后，对于受伤过程不能回忆，会有头晕、头痛、呕吐、嗜睡现象，多在数日内逐步恢复，神经系统检查无异常。轻微脑震荡建议24小时内冷敷，目的是减少渗出液、出血。24小时后热敷，目的是促使淤血、血肿吸收。必要时应送医院检查有无颅骨损伤，单纯脑震荡经治疗后，不留后遗症。

2. 中毒

如遇儿童发生中毒现象，应首先清除毒物。(1)口服中毒者可根据病情采取催吐、洗胃、导泻或灌肠方法迅速排出毒物；(2)皮肤接触者，立即脱去已污染的衣物，用清水反复冲洗皮肤、毛发、指甲等部位；(3)化学药品中毒者，可先用干布轻轻擦干药品，然后冲洗；(4)吸入中毒者，应立即撤离现场，吸入新鲜空气和氧气，保持呼吸通畅；(5)腐蚀性毒物中毒，可饮用蛋清、牛奶、豆浆，以起到保护胃黏膜，延缓毒物吸收的作用。对于各种严重症状，如休克、惊厥、呼吸衰竭等，应采取相应急救措施，争取抢救时间。

3. 常见外伤

(1)扭伤

①手指扭伤。在运动中扭伤手指，应立即停止运动。首先是冷敷，最好用冰。若没有冰，可用水代替，将手指泡在水中或冷敷15分钟左右，然后用冷湿布包敷。再用胶布把手指固定在伸直位置。如果1周后肿痛继续，可能是发生了骨折，一定要去医院诊治。

②踝关节扭伤。立即停止行走、运动或劳动，取坐位或卧位。同时，可用枕头、被褥或衣物、背包等把足部垫高，以利静脉回流，从而减轻肿胀和疼痛。然后用冰袋或冷毛巾敷局部，使毛细血管收缩，以减少出血或组织液渗出，而减轻疼痛和肿胀。冷敷后，用绷带、折叠成条带的三角巾等布料做踝关节“8”字形加压包扎，把伤员送往医院进一步诊断治疗，必要时可拨打“120”急救电话。

③腰部扭伤。首先需要静养，在局部作冷敷，尽量采取舒服体位，或者侧卧，或者仰平卧，双腿屈曲，膝下垫上毛毯之类的物品。止痛后，最好是卧硬板床送医院或找医生来家治疗。

(2)手指夹伤

①如果手指红肿疼痛，应立即用冷毛巾或冷水袋湿敷伤处，以减轻疼痛并可防止血肿增大。如果血肿越来越大，则可用绷带或布条稍稍加压包扎，时间切勿超过1小时，并随时注意手指末端的颜色。如果发现指端颜色变紫、发凉，应立即松开绷带或布条。

②如果出现流血症状，应立即止血。可先用酒精消毒，然后用干净的纱布或手帕在出血部位加压包扎，也可以用两个指头捏住伤指指根的两侧止血。

③冷敷止血之后用厚纸板等物件支撑起手臂部，然后用绷带扎好，再将手臂用三角巾固

定，以减轻肿胀和疼痛。

④伤后24小时用热毛巾或热水袋对患指进行热敷，每天2～3次，每次15～20分钟。注意水温不要过高，避免烫伤手指。

⑤如果指甲下积血和疼痛比较明显，可以用火烧过的大头针在指甲上刺一个小孔，让血液流出，减轻积血、疼痛。如果指甲脱落或怀疑有指骨骨折，可到医院检查和治疗。

(3)割伤

①一般割伤的处理：用清水清洗伤口；擦上消毒药水，如双氧水，太刺激的消毒或消炎药会伤害伤口的组织，所以要小心使用；盖上消毒纱布，包扎固定。

②严重割伤的紧急处理：A. 压迫止血法。即直接用纱布、手帕或毛巾按住伤口，再用力把伤口包扎起来。此法能暂时使出血缓下来。B. 止血点指压法。所谓止血点，就是在出血的伤口附近靠近心脏的动脉点，找到止血点用力按住，让由心脏流出的血液，不能顺畅地流向伤口，减少出血量。C. 止血带止血法。严重流血时，用止血带绑在止血点上扎紧，每15分钟略松开一次，以避开组织坏死。最好在40分钟以内送医急救。

4. 被猫、狗咬伤

(1)立即用大量肥皂水清洗伤口；(2)任由伤口流血，可以带走伤口上的细菌；(3)将纱布放在双氧水里浸泡后再包扎伤口，可以降低感染风险；(4)咨询医生是否需要注射破伤风疫苗和抗生素等；(5)如果怀疑伤者可能感染了狂犬病病毒，应立即将其送医院治疗。

5. 被昆虫蜇伤

(1)用指甲盖或一把钝刀小心地刮昆虫蜇咬后留在皮肤上的螯针。(2)用肥皂水清洗受影响的皮肤，然后冰敷伤口。(3)让伤者服用止痛药。

6. 火灾

(1)火灾的处理方法

①对突然降临的火灾，应保持沉着、冷静的头脑；②逃生者可用湿毛巾蒙住口鼻，贴近地面快速爬行；③堵封火焰，避免火苗窜入室内；④可寻找窗外落水管，或利用绳子下滑，住在2～3楼者也可向窗外抛出棉被、席梦思，然后双手拉着绳子滑落地面；⑤向外扔出醒目的物品，如脸盆、钢精锅或不同颜色的布头等以求救。

(2)注意事项

①一旦发生火灾，绝不能大声叫喊，否则火焰、烟雾极易吸入呼吸道造成损伤或窒息；②逃出火区后，绝不要再回火区寻找贵重物品，否则极易被大火吞噬宝贵的生命；③冲出火海后，若身上衣服仍在燃烧，应立即就地打滚或跳入附近的水潭、泥池或河水中。

(3)干粉灭火器的使用方法

①使用手提式干粉灭火器时，将灭火器提到起火地点，站在上风向或侧风向，把灭火器上下颠倒几次，拔出保险销或铅封，一手握紧喷嘴，对准火源根部，另一只手按下压把，干粉即可喷出；②灭火时，要迅速摇摆喷嘴，使粉雾横扫整个火区，由近而远，向前推进将火扑灭，同时要注意不要遗留残火；③油品着火，灭火时不要冲击液面，以防液体溅出而造成扑救困难。

真题检测

一、单项选择题

1.［2020 下半年］小学生疾跑后不能立刻站立不动或坐下，需继续慢跑一小会儿，主要原因是(　　)

A. 防止低血糖晕倒　　B. 有利于氧债的偿还

C. 防止重力性休克　　D. 有利于心功能恢复

2.［2019 下半年］小学生在课间玩耍时不小心扭伤了脚踝，教师首先应采取的措施是(　　)

A. 揉一揉受伤的脚踝　　B. 抬高受伤的脚踝

C. 在受伤处进行热敷　　D. 给学生吃止痛药

3.［2019 下半年］小学教师经常采用贴小红花、插小红旗等方式鼓励学生为班级做好事，这种德育方法是(　　)

A. 奖惩评价法　　B. 榜样示范法

C. 情感陶冶法　　D. 实际锻炼法

4.［2019 上半年］小龙明知乱扔纸屑是不文明的行为，但又总是管不住自己，教师应注重培养其(　　)

A. 道德认识　　B. 道德情感　　C. 道德意志　　D. 道德信念

5.［2018 下半年］通过“道德两难故事法”提出道德认知发展阶段理论的学者是(　　)

A. 马斯洛　　B. 皮亚杰　　C. 科尔伯格　　D. 罗森塔尔

6.［2018 上半年］小学德育的基本途径是(　　)

A. 课外活动和校外活动　　B. 少先队活动

C. 品德课和学科教学　　D. 班主任工作

7.［2017 下半年］小芳常常因为不守纪律而受到批评，但她不以为然，还说只要学习好，守不守纪律都无所谓。面对这种情况，班主任首先应采取的教育方法是(　　)

A. 说服教育　　B. 情感陶冶　　C. 榜样示范　　D. 实践锻炼

8.［2017 上半年］根据皮亚杰的道德发展阶段理论，小学低年级儿童常常认为听父母和老师的话就是好孩子。这是因为其道德发展处于( )

A. 权威阶段　　B. 公正阶段

C. 可逆性阶段　　D. 自我中心阶段

9.［2016 下半年］根据学生的身心发展特点，小学阶段德育工作的重点是( )

A. 道德知识的传授　　B. 日常行为习惯的养成

C. 道德信念的培育　　D. 人生观价值观的确立

二、简答题

10.［2019 下半年］简述实施榜样教育的基本要求。

11.［2019 上半年］简述小学德育的实施途径。

参考答案及解析

一、单项选择题

1. C ［解析］本题考查小学生安全教育的相关内容。重力性休克，指疾跑后立即站立不动而引起的晕厥症状。因突然停止运动，下肢毛细血管和静脉失去肌肉收缩时的节律性挤压作用，加上血液本身的重力，使血液大量积聚在下肢血管中而导致的暂时性脑贫血。小学生疾跑后不能立刻站立不动或坐下，正是避免重力性休克出现的有效措施。

2. B ［解析］本题考查小学生安全教育的相关内容。一旦发生踝关节扭伤，正确的紧急处理方法如下：(1)立即停止行走、运动或劳动，取坐位或卧位，同时可用枕头、被褥或衣物、背包等把足部垫高，以利静脉回流，从而减轻肿胀和疼痛。(2)立即用冰袋或冷毛巾敷局部，使毛细血管收缩，以减少出血或组织液渗出。(3)冷敷的同时或冷敷后可用绷带、三角巾等布料加压包扎踝关节周围，把伤员送往医院进一步诊断治疗，必要时可拨打“120”急救电话。

3. A ［解析］本题考查德育方法。品德评价法(奖惩法)是通过对学生品德进行肯定或否定的评价而予以激励或抑制，促使其品德健康形成和发展的德育方法。包括奖励、惩罚、评比和操行评定等。“贴小红花、插小红旗”是对学生行为的奖励，故 A 项正确。

4. C ［解析］本题考查品德的心理结构。道德意志是个体自觉地调节道德行为，克服困难，以实现预定道德目标的心理过程。题干中小龙明知乱扔纸屑是不文明的行为，但又总是管不住自己，这属于道德意志薄弱，故教师应注重培养其道德意志。

5. C ［解析］本题考查科尔伯格的品德发展阶段理论。科尔伯格系统扩展了皮亚杰的理论和方法，提出了人类道德发展的顺序原则。他采用“道德两难故事法”进行研究，最典型的就是用“海因茨偷药”的故事，让儿童对道德两难问题做出判断。

6. C　[解析]本题考查小学德育的途径。我国学校进行德育的途径是广泛多样的，其中基本途径是思想品德课(思想政治课)与其他学科教学。

7. A　[解析]本题考查德育的方法。说服教育法是通过语言说理，使学生明晓道理，分清是非，提高品德认识的德育方法。题干中小芳认为“只要学习好，守不守纪律都无所谓”，这种认识是不正确的。因此，作为小芳的老师，首先应该对她进行说服教育，帮助她形成正确的观点。

8. A　[解析]本题考查皮亚杰的道德发展阶段理论。道德发展处于权威阶段(他律道德阶段或道德实在论阶段)的儿童服从外部规则，接受权威指定的规范，把人们规定的准则看作是固定的、不可变更的，而且只根据行为后果来判断对错。小学低年级儿童把父母和老师的话当作行为准则，服从权威指定的规范，这说明其道德发展处于权威阶段。

9. B　[解析]本题考查小学德育目标。小学是学生行为习惯养成的关键期，小学生具有很强的可塑性。因此小学德育的重点是培养学生养成良好的道德行为习惯。

二、简答题

10. [参考答案](1)选好学习的榜样；(2)激发学生对榜样的敬慕之情；(3)狠抓落实，引导学生用榜样来调节行为，提高修养。

11. [参考答案](1)思想品德课与其他学科教学；(2)课外、校外活动；(3)劳动；(4)少先队活动；(5)班主任工作；(6)班会、校会、周会、晨会。

今日目标

1. 了解学习的概念、学习兴趣和学习习惯。

2. 掌握学习策略。

3. 掌握相关的学习理论。

专题一 学习概述

考点1 学习的概念

学习是个体在特定情境下由于练习和反复经验而产生的行为或行为潜能的相对持久的变化。

广义的学习是指人类的学习和动物的学习;狭义的学习特指人类的学习。相对于动物的学习,人类的学习具有主动性、社会性,并且以语言为中介。这是人类学习与动物学习的本质不同。

考点2 学习兴趣

学习兴趣是学生对学习对象的一种力求认识和趋近的倾向。它是学习动机中最现实、最活跃、带有强烈的情绪色彩的因素。影响学习兴趣的因素主要包括:事物本身的特性;人们已有的知识经验;人们对事物产生的愉快情感体验。

1. 小学生学习兴趣的特点

(1)低年级学生对学习过程的形式感兴趣,而对学习内容和结果的兴趣相对较弱,教师应善于利用这一点安排教学过程。

(2)在整个小学时期,儿童的学习兴趣最初是不分化的,比较广泛。对不同学科的分化性兴趣是逐渐产生的,而且容易偏科,不稳定。

(3)在整个小学时期,儿童对有关具体事实和经验的知识较有兴趣,对有关抽象因果关系的知识的兴趣在初步发展。

(4)在整个小学时期,游戏因素在儿童的学习兴趣上的作用逐渐降低。

(5)在阅读兴趣方面,一般从课内阅读发展到课外阅读,从童话故事发展到文艺作品和通俗科学读物。

2. 学习兴趣的激发与培养

(1)建立积极的心理准备状态;(2)充分利用本学科的特点优势,激发学生学习兴趣;(3)兴趣在第一课堂及第二课堂中共同培养;(4)创设问题情境,激发学生学习兴趣;(5)改进教学方法,增强学生学习兴趣。

考点 3 学习策略 【单选】

学习策略是指学习者为了提高学习的效果和效率,有目的、有意识地制定有关学习过程的复杂的方案。

迈克卡等人将学习策略分为认知策略、元认知策略和资源管理策略三种。

策略	内涵及主要类型
认知策略	学习者信息加工的方法和技术
	复述策略:在工作记忆中为了保持信息,运用内部语言在大脑中重现学习材料或刺激,以便将注意力维持在学习材料上的方法。复述策略是短时记忆的信息进入长时记忆的关键 常用的复述策略有:在复述的时间上,采用及时复习、分散复习;在复述的次数上,强调过度学习;在复述的方法上,包括运用有意识记和无意识记、排除相互干扰、运用多种感官协同记忆、整体识记与部分识记相结合、复习形式多样化、画线等
	精加工策略:把新信息与头脑中的旧信息联系起来从而增加新信息意义的深层加工策略 常用的精加工策略:记忆术(形象联想法、谐音联想法、首字连词法、位置记忆法、缩简和编歌诀、关键词法、视觉联想、特征记忆法);做笔记;提问;生成性学习;运用背景知识,联系客观实际
	组织策略:为了整合所学新知识之间,新旧知识之间的内在联系,形成良好的知识结构的策略 常用的组织策略有:归类策略,用于概念、语词、规则等知识的归类整理;纲要策略,也称提纲挈领,主要用于对学习材料结构的把握,有主题纲要法和符号纲要法
元认知策略	学生对自己整个学习过程的有效监视及控制的策略
	元认知是对认知的认知,即个体对认知过程的自我意识与调节这些过程的能力,主要包括:元认知知识、元认知体验和元认知监控
	计划策略:根据认知活动的特定目标,在认知活动开始之前计划完成任务所涉及的各种活动、预计结果、选择策略,设想解决问题的方法,并预估其有效性的策略等
	监控策略:在认知过程中,根据认知目标及时检测认知过程,寻找两者之间的差异,并对学习过程及时进行调整,以期顺利实现有效学习的策略。它具体包括领会监控、策略监控和注意监控
	调节策略:在学习过程中根据对认知活动监视的结果,找出认知偏差,及时调整策略或修正目标的策略

续表

策略	内涵及主要类型
资源管理策略	辅助学生管理可用的环境和资源的策略,对学生的动机具有重要作用
	时间管理策略:在时间管理上,应做到统筹安排学习时间、高效利用最佳时间、灵活利用零碎时间
	环境管理策略:注意调节自然条件,如流通的空气、适宜的温度、明亮的光线以及和谐的色彩等;还要设计好学习的空间,如空间范围、室内布置、用具摆放等
	努力管理策略:激发内在的动机、树立正确的学习信念、选择有挑战性的任务、调节成败的标准、正确归因、自我奖励等
	学业求助策略:当学生在学习上遇到困难时,向他人请求帮助的行为。它包括学习工具的利用、社会性人力资源的利用

考点 4 学习习惯

学习习惯是一种高度自觉的、自动的、主动化了的持久的学习行动方式,属于非智力因素的范畴。

小学生学习习惯的主要特点:广泛性、实践性、阶段性、模仿性。其中实践性是学习习惯最基本、最重要的特点。

专题二　学习理论

考点 5 行为主义学习理论(联结派学习理论)【单选】

学习理论	主要内容
巴甫洛夫的经典性条件作用理论	泛化:机体对与条件刺激相似的刺激做出条件反应。如,一朝被蛇咬,十年怕井绳
	分化:只对条件刺激做出条件反应,而对其他相似刺激不做反应
	消退:条件反射形成以后,如果得不到强化,条件反应会逐渐减弱,直至消失
	恢复:未经强化而条件反射自动重现的现象
桑代克的联结—试误学习理论	学习的实质:形成情境与反应的联结
	学习的过程:一种渐进的、盲目的、尝试错误的过程
	学习要遵循三条重要的原则: (1)准备律:指联结的加强或削弱取决于学习者的心理准备和心理调节状态

续表

学习理论	主要内容
桑代克的联结—试误学习理论	(2)练习律:指刺激与反应之间的联结会由于重复或练习而加强,不重复或练习,联结的力量就会减弱。它又分为应用律和失用律 (3)效果律:指刺激和反应之间的联结可因导致满意的结果而加强,也可因导致烦恼的结果而减弱
斯金纳的操作性条件作用理论	人和动物的行为有两类:(1)应答性行为:不随意的反射性反应。如学生听到上课铃声后迅速安静坐好、咀嚼食物时分泌唾液等。(2)操作性行为:有机体自发做出的随意反应,日常生活中的大部分行为属于此类。如小孩学会自己穿衣服,上课举手发言、游泳、写字等 经典性条件作用理论可以解释应答性行为的产生,而操作性条件作用理论可以解释操作性行为的产生 ◇强化:采用适当的强化物而使机体反应频率、强度和速度增加的过程 ◇正强化:也称积极强化,是通过呈现想要的愉快刺激来增强反应频率 ◇负强化:也称消极强化,是通过消除或中止厌恶、不愉快刺激来增强反应频率 在选择强化物时,可以遵循普雷马克原理,又称为"祖母法则",即用高频活动作为低频活动的有效强化物
	消退:条件刺激形成以后,如果得不到强化,条件反应会逐渐减弱,直至消失的现象
	惩罚:当有机体做出某种反应以后,呈现一个厌恶刺激,以消除或抑制此反应的过程。惩罚的运用必须慎重,惩罚一种不良行为应与强化一种良好行为结合起来,方能取得预期的效果
班杜拉的社会学习理论	学习的实质:观察学习
	观察学习的过程:注意、保持、复现和动机
	◇直接强化:观察者因表现出观察行为而受到强化 ◇替代强化:观察者因看到榜样的行为被强化而受到强化 ◇自我强化:对自己表现出的符合或超出标准的行为进行自我奖励

考点 6 认知派学习理论 【单选】

学习理论	主要内容
苛勒的完形—顿悟学习理论	学习的实质——形成新的完形
	学习的过程:顿悟过程。顿悟,就是领会到自己的动作和情境、特别是和目的物之间的关系
	学习是个体利用自身的智慧与理解力对情境及情境与自身关系的顿悟,而不是动作的累积或盲目的尝试

续表

学习理论	主要内容
托尔曼的符号学习理论	学习是有目的的，是期望的获得；学习是对完形的认知，是形成认知地图的过程
	期望：个体依据已有经验建立的一种内部准备状态，是通过学习而形成的关于目标的认识和期待。期望是托尔曼学习理论的核心概念
布鲁纳的认知—发现学习理论	学习观：学习的实质在于主动形成认知结构；学习包括获得、转化和评价三个过程
	教学观：教学的目的在于理解学科的基本结构；掌握学科的基本结构的教学原则（动机原则、结构原则、程序原则、强化原则）；发现学习（给学生提供有关的学习材料，让学生通过探索、操作和思考，自行发现知识、理解概念和原理的教学方法）
加涅的信息加工学习理论	学习是学生与环境相互作用的结果
	学习过程分为八个阶段：动机阶段、了解（领会）阶段、获得阶段、保持阶段、回忆阶段、概括阶段、操作阶段、反馈阶段
奥苏伯尔的有意义接受学习理论	从学生学习的方式上，将学习分为接受学习与发现学习
	从学习内容与学习者认知结构的关系上，将学习分为有意义学习和机械学习
	有意义学习的本质：以符号为代表的新观念与学习者认知结构中原有的适当观念建立起非人为的和实质性的联系的过程，是原有观念对新观念加以同化的过程
	有意义学习的条件：客观条件，是指受学习材料本身性质的影响；主观条件，是指受学习者自身因素的影响
	接受学习是在教师指导下，学习者接受事物意义的学习。它是概念同化的过程，也是课堂学习的主要形式
	组织学习的策略——先行组织者，即先于某个学习任务本身呈现的引导性学习材料

考点 7 人本主义学习理论

人本主义学习理论强调人的潜能、个性与创造性的发展，把自我实现、自我选择和健康人格作为追求的目标。代表人物有罗杰斯、马斯洛等。

观点	主要内容
知情统一的教学目标观	◇罗杰斯的教育理想就是要培养“全人”，即知情融为一体的人 ◇重视的是教学的过程而不是教学的内容；重视的是教学的方法而不是教学的结果

续表

观点	主要内容
有意义的自由学习观	◇有意义学习,不仅仅是一种增长知识的学习,而且是一种与每个人各部分经验都融合在一起的学习,是一种个体的行为、态度、个性以及在未来选择行动方针时发生重大变化的学习 ◇主要具有四个特征:全神贯注、自动自发、全面发展、自我评估
学生中心的教学观	◇学生中心模式又称为非指导性教学模式。在这个模式中,教师最富有意义的角色不是权威,而是"助产士"和"催化剂" ◇教师的任务是教学生如何学习,提出以自由为基础的学习原则 ◇促进学生学习的关键不在于教师的教学技巧,而在于特定的心理氛围。它包括真实或真诚;尊重、关注和接纳;移情性理解

考点 8 建构主义学习理论 【单选】

建构主义学习理论的代表人物有皮亚杰、斯腾伯格、卡茨、维果斯基等。

观点	主要内容
知识观	在一定程度上对知识的客观性和确定性提出质疑,强调知识的动态性
学习观	强调学习的主动建构性、社会互动性和情境性 学习共同体是由学习者及其助学者(包括教师、专家、辅导者等)共同构成的团体
学生观	否认了"白板说",强调学生经验世界的丰富性和差异性
教学观	激发出学生原有的相关知识经验,促进知识经验的"生长",促成学生的知识建构活动,以促成知识经验的重新组织、转化和改造

真题检测

单项选择题

1. [2020 下半年]划分机械学习与有意义学习的主要依据是(　　)

A. 学生是否主动学习　　B. 学习目的是否为解决问题

C. 学生是否理解学习材料　　D. 学习内容是否由学生发现

2. [2019 下半年]教师表扬小明坚持每天背诵 20 个单词之后,班上更多的同学表现出坚持完成学习任务的行为。这属于(　　)

A. 直接强化　　B. 替代强化　　C. 自我强化　　D. 负强化

3. [2019 上半年]为方便学生理解和记忆,教师将某个英语单词编成小故事,这是运用

了(　　)

A. 复述策略　　B. 组织策略　　C. 精加工策略　　D. 元认知策略

4.[2018 下半年]芳芳在学习中遇到不懂的问题就会主动向老师请教。她采用的学习策略是(　　)

A. 精加工策略　　B. 认知策略　　C. 元认知策略　　D. 资源管理策略

5.[2018 上半年]为了记住学过的生字词,小蓉反复抄写了很多遍。小蓉在学习中运用的是(　　)

A. 监督策略　　B. 复述策略　　C. 计划策略　　D. 组织策略

6.[2017 上半年]小强不按时完成作业,妈妈就禁止他看动画片,一旦按时完成就取消这一禁令,随后小强按时完成作业的次数增加了。这属于(　　)

A. 正强化　　B. 负强化　　C. 自我强化　　D. 替代强化

7.[2017 上半年]学生的学习是基于自己的经验,主动接受新的信息,并对其意义进行重构的过程。这一观点属于(　　)

A. 有意义接受学习理论　　B. 建构主义学习理论

C. 信息加工学习理论　　D. 联结主义学习理论

8.[2016 上半年]小英到医院打针以后再遇到穿白大褂的人就会害怕。这种心理现象是(　　)

A. 内化　　B. 泛化　　C. 焦虑　　D. 移情

参考答案及解析

单项选择题

1. C　**[解析]**本题考查奥苏伯尔关于学习的分类。奥苏贝尔从学习内容与学习者认知结构的关系上,将学习分为有意义学习和机械学习。具体来说,有意义学习的本质是学习者认知结构中原有观念对新观念加以同化的过程,也就是学习者对学习材料加以理解的过程;在机械学习中,学习者并没有理解学习材料的真实含义。故奥苏伯尔划分机械学习和有意义学习的主要依据是学生是否理解学习材料。

2. B　**[解析]**本题考查班杜拉的社会学习理论中对强化的重新解释。班杜拉指出,人的行为受行为的结果因素与先行因素的影响。行为的结果因素就是通常所说的强化。强化分为三种:直接强化、替代强化、自我强化。替代强化是观察者因看到榜样的行为被强化而受到强化。老师表扬小明后,班上更多的同学表现出了和小明一样好的行为,这属于替代强化。

3. C [解析]本题考查学习策略的种类。精加工策略是指把新信息与头脑中的旧信息联系起来从而增加新信息意义的深层加工策略。精加工越深入细致,回忆就越容易。为方便学生理解和记忆,教师将某个英语单词编成小故事,这正是运用了精加工策略。

4. D [解析]本题考查学习策略的种类。学业求助策略是指当学生在学习上遇到困难时,向他人请求帮助的行为。芳芳在学习中遇到不懂的问题向老师请教所采用的学习策略是学业求助策略。学业求助策略是资源管理策略的一种。

5. B [解析]本题考查学习策略的种类。复述策略是指在工作记忆中为了保持信息,运用内部语言在大脑中重现学习材料或刺激,以便将注意力维持在学习材料上的方法。题干中小蓉反复抄写是为了在大脑中不断重现学习内容,属于复述策略。

6. B [解析]本题考查斯金纳的操作性条件作用理论中的强化。负强化也称消极强化,是通过消除或中止厌恶、不愉快刺激来增强反应频率。题干中的小强完成作业后,妈妈取消了不准他看动画片这一厌恶刺激,随后小强按时完成作业的次数增加了,这是对负强化的运用。

7. B [解析]本题考查学习理论。建构主义的学习观强调学习的主动建构性,学习是学生建构知识的过程,学习者要主动地建构信息的意义。

8. B [解析]本题考查经典性条件作用理论的主要规律。机体对与条件刺激相似的刺激做出条件反应,属于刺激的泛化。小英到医院打针,对穿白大褂的打针医生产生了恐惧。再遇到类似刺激(穿白大褂的人)会害怕,这种心理现象属于泛化。

Day 10 学习心理(二)

今日目标

1. 了解学习迁移的种类,掌握影响学习迁移的因素。
2. 理解学习动机的概念、基本成分和功能。
3. 掌握学习动机的分类、相关理论。
4. 掌握知识学习的类型。
5. 掌握操作技能的形成和练习。

专题一 学习迁移

考点 1 学习迁移的种类

分类标准	种类	内涵
迁移的性质和结果	正迁移(助长性迁移)	一种学习对另一种学习的促进作用。如,学习数学有利于学习物理
	负迁移(抑制性迁移)	一种学习对另一种学习的阻碍作用。如,在掌握了汉语的情况下,在初学英语语法时,总是出现用汉语语法去套英语语法的情况,从而影响英语语法的掌握
	零迁移	两种学习不发生影响,它是迁移的一种特殊形式
迁移发生的方向	顺向迁移	先前学习对后继学习产生的影响。如"举一反三""闻一知十"
	逆向迁移	后继学习对先前学习产生的影响。如,学习了微生物后对先前学习的动物、植物概念的理解会产生影响
迁移内容的抽象和概括水平	水平迁移	也叫横向迁移,是指先行学习内容与后继学习内容在难度、复杂程度和概括层次上属于同一水平的学习活动之间产生的影响
	垂直迁移	也称纵向迁移,是指先行学习内容与后续学习内容是不同水平的学习活动之间产生的影响

续表

分类标准	种类	内涵
迁移内容	一般迁移	也称非特殊迁移、普遍迁移，是指一种学习中所习得的一般原理、原则和态度对另一种具体内容学习的影响，即原理、原则和态度的具体应用
	具体迁移	也称特殊迁移，是指学习迁移发生时，学习者原有的经验组成要素及其结构没有变化，只是将一种学习中习得的经验要素重新组合并移用到另一种学习之中
迁移过程中所需的内在心理机制	同化性迁移	不改变原有的认知结构，直接将原有的认知经验应用到本质特征相同的一类事物中去
	顺应性迁移	将原有认知经验应用于新情境中时，需调整原有的经验或对新旧经验加以概括，形成一种能包容新旧经验的更高一级的认知结构，以适应外界的变化
	重组性迁移	重新组合原有认知系统中某些构成要素或成分，调整各成分间的关系或建立新的联系，从而应用于新情境

考点 2 影响学习迁移的因素 【简答】

(1)学习材料的特点。

(2)原有的认知结构。

(3)对学习情境的理解。

(4)学习的心理准备状态(心向)。

(5)学习策略的水平。

(6)智力与能力。

(7)教师的指导。

专题二 学习动机

考点 3 学习动机的概念

学习动机是指激发个体进行学习活动，维持已引起的学习活动，并使行为朝向一定学习目标的一种心理倾向或内部动力。学习动机是直接推动学生进行学习的内部动力。

考点 4 学习动机的基本成分和功能

1. 学习动机的基本成分

学习动机的两个基本成分是学习需要和学习期待，其中，学习需要占主导地位。

学习需要是指个体在学习活动中感到有某种欠缺而力求获得满足的心理状态。它包括学习兴趣、爱好、信念等。学习兴趣是学习动机中最活跃的成分。

学习期待是个体对学习活动所要达到目标的主观估计。学习期待所指向的目标可以是成绩，也可以是奖品、教师的赞扬、名誉、地位等。学习期待不等于学习目标。

2. 学习动机的功能

(1)激发功能；(2)定向功能；(3)强化功能；(4)调节功能。

考点 5 学习动机的分类 【单选】

分类标准	种类	内涵
动机产生的诱因来源	内部学习动机	诱因来自学习者本身的内在因素
	外部学习动机	诱因来自学习者外部的某种因素
学习动机的社会意义	高尚的学习动机	把学习看成是对社会的贡献和应尽的义务
	低级的学习动机	把学习看成是猎取个人名利的手段
学习动机起作用时间的长短	近景的直接性学习动机	由活动的直接结果所引起的
	远景的间接性学习动机	由于了解活动的社会意义和活动结果的社会价值而引起的
动机在活动中作用的大小	主导性学习动机	在学习活动中起着主要的支配作用
	辅助性学习动机	在学习活动中起次要的辅助作用
学校情境中的学业成就动机(奥苏伯尔)	认知内驱力	学生渴望认知、理解和掌握知识，以及陈述和解决问题的需要，是最重要和最稳定的动机，属于内部动机
	自我提高内驱力	指个体由自己的学业成就而获得相应的地位和威望的需要，属于外部动机
	附属内驱力	指个体为了获得长者们(如家长、教师)的赞许或认可而表现出把工作、学习做好的一种需要，属于外部动机

温馨提示

学习动机的类型是易考查的知识点，一般以单项选择题的形式出现，考查考生对该知识点的理解能力。

考点 6 耶克斯—多德森定律 【单选】

"耶克斯—多德森定律"表明，动机不足或过分强烈都会影响学习效果。

第一，动机的最佳水平随着任务性质的不同而不同。在比较容易的任务中，行为效果（工作效率）随着动机的提高而上升；随着任务难度的增加，动机的最佳水平有逐渐下降的趋势。

第二，一般来讲，最佳水平为中等强度的动机。

第三，动机水平与行为效果呈倒U型曲线。

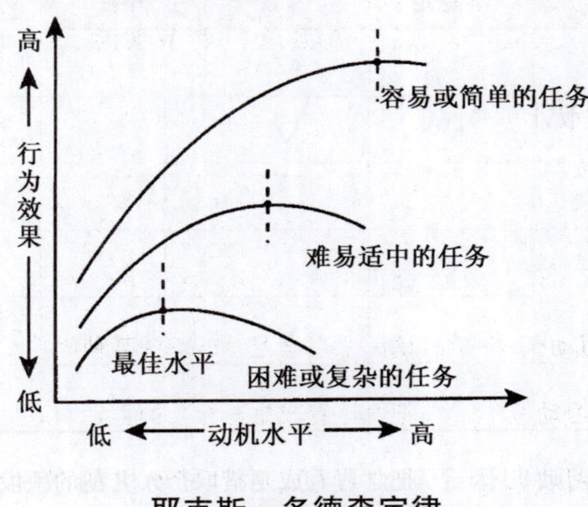

耶克斯—多德森定律

考点 7 学习动机的理论 【单选、简答】

学习动机理论包括强化理论、成就动机理论、成败归因理论、自我效能理论、需要层次理论。这里详细阐述前四种理论。

1. 强化理论

主要代表人物是斯金纳。强化理论认为强化能够促进学习动机。因此在学习活动中，学校经常采用奖励（赞许、奖品、给予权利、高分数等）与惩罚（训斥、剥夺权利、低分数）的办法以督促学生学习，其目的就是通过外在诱因来维持学生的学习动机。

2. 阿特金森的成就动机理论

成就动机是指个体努力克服障碍，施展才能，力求又快又好地解决某一问题的愿望或趋势。

阿特金森把个体的成就动机分为两类：力求成功的动机和避免失败的动机。力求成功者的目的是获取成就，即通过各种活动努力提高自尊心和获得心理上的满足，成功概率为50%的任务是他们最有可能选择的。避免失败者则往往通过各种活动防止自尊心受伤害和产生心理烦恼，倾向于选择非常容易或非常困难的任务。

21天通关·核心基础

3. 韦纳的成败归因理论

归因是人们对自己或他人活动及其结果的原因所做的解释和评价。

美国心理学家韦纳把人经历过事情的成败归结为六种原因:能力、努力程度、工作难度、运气、身心状况、外界环境。又把上述六项因素按各自的性质,分别归入三个维度:控制点、稳定性、可控性。

维度 / 因素	成败归因维度					
	稳定性		因素来源(控制点)		可控性	
	稳定	不稳定	内在	外在	可控	不可控
能力	√		√			√
努力程度		√	√		√	
工作难度	√			√		√
运气		√		√		√
身心状况		√	√			√
外界环境		√		√		√

一般来说,如把学习成败归因于努力程度,对学习动机的激励作用最大;把学习成功归因于能力则可增加自信心。但需要注意的是,一个总是失败并把失败归于内部的、稳定的和不可控的因素(即能力低)的学生会形成一种习得性无助的自我感觉。美国心理学家塞利格曼提出了习得性无力感理论。习得性无力感简称无力感,指由于连续的失败体验而导致个体产生的对行为结果感到无力控制、无能为力的心理状态。

4. 班杜拉的自我效能感理论

自我效能感由班杜拉首次提出,是指人对自己能否成功从事某一成就行为的主观判断。班杜拉认为,期待包括结果期待和效能期待。

影响自我效能感的因素:(1)个人自身行为的成败经验;(2)替代经验;(3)言语暗示;(4)情绪唤醒。

巧学妙记

学习动机要强化,需要层次马斯洛。

成就动机阿特金,成败归因是韦纳。

塞利格曼无力感,自我效能班杜拉。

考点 8 学习动机的激发

学习动机的激发是指在一定的教学情境下,利用一定的诱因,使已形成的学习需要由潜在状态变为活动状态,形成学习的积极性。

在实际教学中，激发学习动机的方法包括：(1)创设问题情境，激发兴趣，维持好奇心；(2)设置合适的目标，培养自我效能感；(3)充分利用反馈信息，妥善进行奖惩；(4)正确指导结果归因，促使学生继续努力；(5)对学生进行合作与竞争教育，开展合作与竞争学习。

学习结果的反馈包括作业的正误、成绩的好坏以及应用所学知识的成效等。利用学习结果反馈应把握如下原则：(1)反馈要及时；(2)反馈要具体；(3)反馈要经常给予。

专题三　知识学习

考点9　知识的分类

分类标准	种类	内涵
知识的功能	陈述性知识	也称描述性知识，是个人能用言语进行直接陈述的知识，主要用于区别和辨别事物。这类知识主要用来回答事物“是什么”“为什么”和“怎么样”的问题
	程序性知识	也称操作性知识，是个人缺乏有意识的提取线索，而只能借助于某种作业形式间接推测其存在的知识。它主要用来解决“做什么”和“怎么做”的问题
反映活动的深度不同	感性知识	对活动的外表特征和外部联系的反映，可分为感知和表象两种水平
	理性知识	对活动的本质特征与内在联系的反映，包括概念和命题两种形式

考点10　知识学习的类型　【单选】

分类依据	种类	内涵
知识本身的存在形式和复杂程度	符号学习	又称表征学习，是指学习单个符号或一组符号的意义。符号学习的主要内容是词汇学习
	概念学习	掌握概念的一般意义，其实质是掌握一类事物的共同的本质属性和关键特征。概念学习以表征学习为前提，又为命题学习奠定基础，是意义学习的核心
	命题学习	学习由若干概念组成的句子的复合意义，实质是学习若干概念之间的关系。命题学习必须以符号学习和概念学习为基础，这是一种更加复杂的学习

续表

分类依据	种类	内涵
新知识与原有认知结构的关系（奥苏伯尔）	下位学习	又称类属学习，是一种把新的观念归属于认知结构中原有观念的某一部分，并使之相互联系的过程
	上位学习	又称总括学习，是在学生掌握一个比认知结构中原有概念的概括和包容程度更高的概念或命题时产生的
	并列结合学习	又称组合学习，是在新命题与认知结构中原有的命题既非下位关系又非上位关系，而是一种并列的关系时产生的

考点 11 知识学习的过程

知识学习主要是学生对知识的内在加工过程。现代认知心理学认为，这一过程一般分为三个阶段：

1. 知识的获得

知识的获得，包括知识的感知与理解。

(1)知识直观

知识直观是指学习者通过对直接感知到的教材直观信息进行加工，从而获得感性知识的过程。知识直观包括实物直观、模像直观和言语直观。

提高知识直观效果的措施：

①灵活选用实物直观和模像直观；②加强词和形象的配合；③运用感知规律，突出直观对象的特点；④培养学生的观察能力；⑤让学生充分参与直观过程。

(2)知识概括

知识概括是指主体通过对感性材料的分析、综合、比较、抽象、概括等深层次加工改造，获得对一类事物本质特征与内在联系的抽象的、一般的、理性的认识的活动过程。知识概括包括感性概括和理性概括。

有效地进行知识概括的方法：

①配合运用正例和反例。②正确运用变式。所谓变式，就是变换使用不同形式的直观材料或事例说明事物的属性，使本质属性保持不变而非本质属性或有或无，以便突出本质属性。③科学地进行比较。比较主要有两种方式：同类比较和异类比较。同类比较是关于同类事物之间的比较。通过同类比较，便于区分对象的一般与特殊、本质与非本质特征，从而找出一类事物所共有的本质特征。异类比较即不同类但相似、相近、相关的事物之间的比较。④启发学生进行自觉概括。教师启发学生进行自觉概括，最常用的方法是鼓励学生主

动参与问题的讨论。

2. 知识的保持

知识的保持，又称知识的巩固，是指对新建构意义的持久记忆。

运用记忆规律，促进知识保持的方法有：

(1)明确记忆目的，增强学习的主动性；(2)理解学习材料的意义；(3)对材料进行精细加工，促进对知识的理解；(4)运用组块化学习策略，合理组织学习材料；(5)运用多重信息编码方式，提高信息加工处理的质量；(6)有效运用记忆术；(7)适当过度学习；(8)重视复习方法，防止知识遗忘，可根据记忆和遗忘的规律，有效地组织复习。

3. 知识的应用

知识的应用，是指把学到的知识应用于作业和解决有关问题的过程，是抽象知识具体化的过程。

专题四　技能的形成

考点12　技能的概念和类型

1. 技能的概念

技能是个体运用已有知识经验，通过练习而形成的合乎法则的活动方式。

2. 技能的类型

(1)操作技能

操作技能又叫运动技能、动作技能，是通过学习而形成的合乎法则的操作活动方式。如音乐方面的吹、拉、弹、唱，体育方面的田径、球类、体操等。

(2)心智技能

心智技能也称为智力技能、认知技能，是通过学习而形成的合乎法则的心智活动方式。如阅读技能、写作技能、运算技能、解题技能等。

考点13　操作技能的形成

1. 操作技能的形成阶段

我国心理学家冯忠良将操作技能的形成分为操作定向、操作模仿、操作整合、操作熟练四个阶段。

阶段	内容
操作定向	了解操作活动的结构与要求，在头脑中建立起操作活动的定向映像的过程

续表

阶段	内容
操作模仿	掌握操作技能的开端，需要以认知为基础
操作整合	把构成整体的各动作要素，依据其内在联系联结成整体，形成操作活动的序列，获得有关操作活动的完整的动觉映像的过程
操作熟练	操作技能掌握的高级阶段

2. 操作技能的培养要求

(1)准确地示范与讲解；(2)必要而适当的练习(关键环节)；(3)充分而有效的反馈；(4)建立稳定清晰的动觉。

考点14 心智技能的形成

1. 心智技能的形成阶段

冯忠良在长期的教学实验过程中，提出了原型定向、原型操作和原型内化的心智技能形成三阶段论。

阶段	内容
原型定向	了解原型的活动结构，从而使主体明确活动的方向，知道该做哪些动作和怎样去完成这些动作
原型操作	依据智力技能的实践模式，把学生在头脑中已建立起来的活动程序计划以外显的操作方式付诸实施，获得完备的动觉映像的过程
原型内化	智力活动的实践模式(原型)向头脑内部转化，由物质的、外显的、展开的形式变成观念的、内潜的、简缩的形式的过程

2. 心智技能的培养要求

(1)确立合理的智力活动原型；(2)教师利用示范和讲解，并有效进行分阶段练习；(3)知识影响技能的形成；(4)注重培养学生认真思考的习惯和独立思考的能力。

考点15 练习

练习是形成各种操作技能所不可缺少的关键环节，是动作技能形成的基本条件和途径，对技能进步有促进作用。

一般来说，随着练习次数的增多，动作的精确性、速度、协调性等会逐步提高。但练习到一定时期会出现练习成果明显的、暂时的停顿期，即高原期。通常把学生在学习过程中出现一段时间的学习成绩和学习效率停滞不前，甚至对学过的知识感觉模糊的现象，称为“高原现象”。

真题检测

一、单项选择题

1. [2020 下半年]根据耶克斯—多德森定律，若要求学生完成较容易的学习任务，教师应使其学习动机强度控制在(　　)

A. 较高水平　　B. 较低水平　　C. 中等水平　　D. 任意水平

2. [2019 下半年]在学习成败归因影响学习动机的诸因素中，激励作用最大的是(　　)

A. 运气好坏　　B. 能力高低　　C. 任务难度　　D. 努力程度

3. [2019 下半年]小学生通过学习，掌握了“路程 = 速度 × 时间”这一公式。这种学习属于(　　)

A. 符号学习　　B. 辨别学习　　C. 概念学习　　D. 命题学习

4. [2019 上半年]在下列各种学习动机中，属于内在动机的是(　　)

A. 班级排名　　B. 老师表扬　　C. 家长鼓励　　D. 学习兴趣

5. [2019 上半年]学生学习了自然数以后，再学习整数，这种学习属于(　　)

A. 上位学习　　B. 下位学习　　C. 类属学习　　D. 组合学习

6. [2018 下半年]小学生学写新字时，先听教师讲解，观察教师书写示范。这时的技能学习阶段处于(　　)

A. 操作定向　　B. 操作模仿　　C. 操作整合　　D. 操作熟练

7. [2018 下半年]小涛认为这次考试取得好成绩是因为自己运气好。依据韦纳的归因理论，这属于(　　)

A. 稳定、外在、可控归因　　B. 不稳定、外在、不可控归因

C. 不稳定、外在、可控归因　　D. 稳定、外在、不可控归因

8. [2017 下半年]阿特金森对成就动机的研究表明，追求成功者与害怕失败者相比，更倾向于选择(　　)

A. 比较难的任务　　B. 非常难的任务

C. 非常容易的任务　　D. 难度适中的任务

9. [2017 下半年]在直角三角形的教学中，老师呈现了直角三角形的各种变式，主要目的是为了(　　)

A. 激发学习兴趣　　B. 引起有意注意

C. 丰富学生想象　　D. 突出概念本质

10. [2017 下半年]同学们学习一段舞蹈动作，刚开始进步很快，但一段时间后进步不明

显,甚至停滞不前。这在技能练习上称为( )

A. 高原现象　　B. 抑制现象　　C. 遗忘现象　　D. 挫折现象

11. [2016 下半年]小丽认为自己考试成绩不理想是因为试题太难。根据维纳的归因理论,这属于( )

A. 稳定、外在、不可控制归因　　B. 稳定、外在、可控归因

C. 不稳定、外在、不可控制归因　　D. 不稳定、外在、可控归因

12. [2015 下半年]小学生在学习了四边形之后再学习平行四边形,这种学习属于( )

A. 上位学习　　B. 下位学习　　C. 归属学习　　D. 并列结合学习

二、简答题

13. [2018 上半年]简述学习迁移的影响因素。

参考答案及解析

一、单项选择题

1. A　[解析]本题考查耶克斯—多德森定律。耶克斯—多德森定律表明,动机的最佳水平随着任务性质的不同而不同。在比较容易的任务中,行为效果(工作效率)随着动机的提高而上升。故学生在完成比较容易的学习任务中,教师应使其学习动机强度处于较高水平,这样学生的学习效率会更高。

2. D　[解析]本题考查成败归因理论的相关内容。根据韦纳的成败归因理论,只有努力是唯一可控的因素,因此将成败归因于努力就会激发学生强烈的学习动机,对学生的激励作用也最大。

3. D　[解析]本题考查知识学习的类型。命题学习是学习若干概念之间的关系。题干描述的是路程、速度、时间三个概念的关系,属于命题学习。

4. D　[解析]本题考查对内部学习动机的理解。内部学习动机是指诱因来自学习者本身的内在因素,即学生因对活动本身发生兴趣而产生的动机。A、B、C 三项均属于外部学习动机。

5. A　[解析]本题考查知识学习的类型。上位学习又称总括学习,是在学生掌握一个比认知结构中原有概念的概括和包容程度更高的概念或命题时产生的。整数是一个比自然数范围更广的概念,因此先学自然数再学整数是上位学习。

6. A　[解析]本题考查操作技能的形成阶段。操作定向就是了解操作活动的结构与要求,在头脑中建立起操作活动的定向映像的过程。学生先听教师讲解新字,并观察教师书写示范,从而在头脑中建立起关于写新字的操作过程,这是处于操作定向的技能学习阶段。操

作模仿强调再现特定的示范动作或行为模式。操作整合强调构成整体的各动作要素的联结,获得完整的动觉映像。操作熟练需要动作的执行达到高度的程序化、自动化和完善化。

7.B [解析]本题考查成败归因理论。运气属于外在、不稳定、不可控归因。

8.D [解析]本题考查成就动机理论。阿特金森把个体的成就动机分为两类:力求成功的动机和避免失败的动机。力求成功者的目的是获取成就,即通过各种活动努力提高自尊心和获得心理上的满足,成功概率为50%的任务是他们最有可能选择的。避免失败者则往往通过各种活动防止自尊心受伤害和产生心理烦恼,倾向于选择非常容易或非常困难的任务。

9.D [解析]本题考查变式的相关内容。所谓变式,就是变换使用不同形式的直观材料或事例说明事物的属性,使本质属性保持不变而非本质属性或有或无,以便突出本质属性。老师在讲直角三角形的时候,展示了直角三角形的各种变式,就是为了突出概念本质。

10.A [解析]本题考查高原现象的表现。通常把学生在学习过程中出现一段时间的学习成绩和学习效率停滞不前,甚至对学过的知识感觉模糊的现象,称为"高原现象"。题干中学生们在学习舞蹈动作的过程中,刚开始的时候会进步得很快,到了某一阶段就会进步得很缓慢,甚至停滞不前,这是典型的高原现象。

11.A [解析]本题考查成败归因理论。题干中小丽认为考试成绩不理想是因为试题太难,这是归因于任务难度,即稳定、外在、不可控归因。

12.B [解析]本题考查知识学习的类型。下位学习又称类属学习,是一种把新的观念归属于认知结构中原有观念的某一部分,并使之相互联系的过程。原有观念在包容和概括水平上高于新学习的知识。平行四边形是四边形的一种,先学习四边形再学习平行四边形属于下位学习。

二、简答题

13.[参考答案](1)学习材料的特点;(2)原有的认知结构;(3)对学习情境的理解;(4)学习的心理准备状态(心向);(5)学习策略的水平;(6)智力与能力;(7)教师的指导。

Day 11 班级管理

今日目标

1. 了解班级、班集体的概念。

2. 掌握班集体的形成与培养、形成良好班风的措施。

3. 掌握班级突发事件的处理、班主任工作的内容与方法。

4. 理解班队活动与班级活动的概念和类型。

5. 掌握课外活动的相关内容。

专题一 班级与班级管理

考点 1 班级

班级是学校行政体系中最基层的行政组织，是学校开展教学活动的基本单位。16世纪，文艺复兴时期的著名教育家埃拉斯莫斯最先提出“班级”一词。

考点 2 班集体

班集体是按照班级授课制的培养目标和教育规范组织起来的，以共同学习活动和直接性人际交往为特征的社会心理共同体。班集体被视为班级发展的最高阶段。

一个优秀班集体从初步形成到巩固成熟是一个连续的动态的过程，一般要经过四个阶段：组建阶段；核心形成阶段；自主活动阶段；成熟阶段。

在组建阶段，班主任是班级的核心和动力，这一时期是班主任工作最繁忙的时期，也是班主任工作能力经受考验的关键期。

考点 3 班集体的形成与培养 【材料分析】

(1)确定班集体的发展目标；(2)建立得力的班集体核心；(3)建立班集体的正常秩序；(4)组织形式多样的教育活动；(5)培养正确的舆论和良好的班风。

考点 4 形成良好班风的措施 【简答】

(1)发挥班主任的表率作用；(2)发挥舆论阵地的宣传作用；(3)发挥身边榜样的作用；

(4)发挥任课教师和家长的作用。

考点 5 班级管理的概念、功能、内容和方法

1. 班级管理的概念

班级管理是班主任按照一定的原则和具体要求,对班级中的各种资源进行计划、组织、协调、控制,以实现各种共同目标而进行的管理活动。班级管理的根本目的是实现教育目标,使学生得到充分的、全面的发展。

2. 班级管理的功能

(1)有助于实现教学目标,提高学习效率。(主要功能)

(2)有助于维持班级秩序,形成良好的班风。(基本功能)

(3)有助于锻炼学生能力,学会自治自理。(重要功能)

3. 班级管理的内容

班级组织建设;班级制度管理;班级教学管理;班级活动管理。

4. 班级管理的方法

了解和研究学生的方法、说理法、目标管理法、情境感染法、规范制约法、舆论影响法、心理疏导法、行为训练法、心理暗示法、自我管理法。

考点 6 班级管理的模式 【单选】

模式	内涵
常规管理	通过制定和执行规章制度来管理班级的经常性活动
平行管理	班主任既通过对集体的管理去间接影响个人,又通过对个人的直接管理去影响集体,从而把对集体和个人的管理结合起来的管理方式,源于马卡连柯的"平行影响"的教育思想
民主管理	班级成员在服从班集体的正确决定和承担责任的前提下参与班级全程管理的一种管理方式,实质是在班级管理的全过程中,调动学生自我教育的力量,使人人都积极主动地参与班级事务
目标管理	班主任与学生共同确定班级总体目标,然后转化为小组目标和个人目标,使其与班级总体目标融为一体,形成目标体系,以此推动班级管理活动,实现班级目标的管理方法

考点 7 班级突发事件的处理 【材料分析】

1. 班级突发事件的处理原则

(1)教育性原则。教师在处理突发事件时要以让学生受教育、促进每个学生的成长为

目的。

(2)客观性原则。教师在处理问题时,要充分调查、了解事实的真相,公平公正地分析和处理问题,客观地对待每一个学生。

(3)有效性原则。班主任处理突发事件时一定要考虑所用方法和措施的效果。

(4)可接受性原则。教师对突发事件的处理要能使当事双方心悦诚服地接受处理意见或结果,要让学生从内心深处接受,认识到自己的错误,进而积极改正。

(5)冷处理原则。对于有些突发事件,教师不应急于表态、下结论,而应冷静地观察,待把问题的来龙去脉弄清楚后再去处理。

2.突发事件处理的办法

(1)沉着冷静面对。这是处理突发事件的基础。沉着冷静面对事实,尤其在发生师生冲突时,要求教师具有很高的教育修养和心理调控能力,要豁达大度,不怕低头承认自己平时工作中的漏洞。所以教师往往要有极大的忍耐力。

(2)机智果断应对。要尽可能地平息事端,为当事人平静感情、为思考进一步解决问题的办法而争取时间。还可采取"转移话题,暂避锋芒""冷处理"等方法。

(3)公平民主处理。处理学生与学生之间的矛盾冲突时,教师应以事实为依据,依法秉公办事,要有民主意识,不偏袒班干部和优等生,也不以老眼光看人,贬低"差生"。

(4)善于总结引导。把处理一桩突发事件看成一次了解班级情况、教育引导学生的机会,要允许有"突发事件"的存在。善于从不良事件中找出学生的闪光点并帮助学生分析问题,寻找解决问题的办法,维护学生的自尊心。

专题二 班主任工作

考点 8 班主任概述

班主任是按照学校教育目标的要求,带领班级全体成员,完成班级管理任务,实现班级目标的管理者、组织者、协调者。

班主任的基本职责是组织和培养良好的班集体,全面负责全班每个学生的发展。

班主任工作的首要任务是组织建立良好的班集体;中心任务是促进班集体全体成员的全面发展。

班主任的领导方式一般可以分为三类:权威型、民主型和放任型。

考点 9 班主任工作的内容与方法 【简答、材料分析】

小学班主任工作的内容非常多,主要有八个方面的工作:了解和研究学生、组织和培养班集体、建立学生档案、进行个别教育工作、组织班会活动、协调各种教育影响、操行评定、班主任工作计划与总结。

1.了解和研究学生

了解和研究学生是班主任工作的前提和基础,是做好班级工作的先决条件,也是班级教育过程中有效开展各项工作必不可少的基本环节。

班主任了解和研究学生的要求是全面、经常和及时。其具体方法有观察法、谈话法、调查法、书面材料分析法。其中,观察法是基本方法;谈话法是一种积极、主动了解学生的方法;调查法是一种深入了解和研究学生的方法;书面材料分析法既可以看到学生的过去表现,又可以了解学生的当前情况。

2.组织和培养班集体

组织和培养班集体是班主任工作的中心环节。

3.建立学生档案

建立学生档案一般分为四个环节:收集—整理—鉴定—保管。学生档案中最常见的是学生成长个人档案。

4.进行个别教育工作

班主任要做好个别教育工作,包括做好优等生的个别教育、中等生的个别教育和后进生的个别教育,并要与集体教育结合起来。

(1)对于优等生的个别教育,班主任应注意:①严格要求,防止自满;②不断激励,提高抗挫折能力;③消除嫉妒,公平竞争;④发挥优势,带动全班。

(2)对于中等生的教育,班主任应注意:①重视对中等生的教育;②根据中等生的不同特点有的放矢地进行个别教育;③给中等生创造充分展示自己才能的机会,增强他们的自信心。

(3)后进生是指那些在学业成绩和思想品德等方面均暂时落后的学生。后进生一般有如下心理特征:不适度的自尊心、学习动机不强、意志力薄弱、是非观念模糊。

在对后进生进行教育时,班主任应注意:①关心热爱与严格要求相结合;②培养和激发学习动机;③善于发掘后进生身上的“闪光点”,增强其自信心和集体荣誉感;④针对后进生的个别差异,因材施教,对症下药;⑤对后进生的教育要持之以恒。

5.组织班会活动

组织班会活动是班主任工作的重要内容。班会活动是班主任进行教育活动的重要方式,是培养优良班集体的重要方法,也是提高学生活动能力的基本途径。

6.协调各种教育影响

家校协调的常用方式主要包括:家访、班级家长会、家长学校、家长沙龙、家长委员会。

为了使家访收到实效,要注意以下几点:(1)明确家访目的,即每次家访不可例行公事,更不可盲目进行;(2)分析家访对象、选择家访时机,并选择与家长沟通访谈的恰当方式;(3)注重家访后期追踪,有针对性地调整后续的教育方式。

7. 操行评定

操行评定是以教育目的为指导思想,以"学生守则"为基本依据,对学生一个学期内在学习、劳动、生活、品行等方面的小结与评价。

操行评定的原则:(1)体现素质教育思想;(2)公平客观;(3)促进学生发展。

操行评定的步骤:(1)学生自评;(2)小组评议;(3)班主任评价;(4)信息反馈。

操行评定的注意要求:(1)操行评语要实事求是,抓住主要问题,有针对性,能反映学生思想品德的全面表现和发展趋向;(2)要充分肯定学生进步,适当指出他们的主要缺点,指明努力方向,不可罗列现象,主次不分;(3)文字要简明、具体、贴切,使人能够接受,切忌空洞、抽象、一般化,严禁用词不当,避免伤害学生情感,造成家长误解。

8. 班主任工作计划与总结

班主任工作计划一般分为学期计划、月或周计划以及具体的活动计划。

班主任工作总结是对整个班主任工作过程、状况和结局作出全面的、恰如其分的评估,进行质的评议和量的估计。班主任工作总结一般分为两类:全面总结和专题总结。

专题三　班队活动和课外活动

考点10　班队活动的概念和类型

班队活动是指为实现教育目的,在教育者引导下,由班级学生或少先队成员共同参与,在学科教学以外的时间组织开展的教育活动。

班队活动的类型:主题教育活动、班队例会、班队文艺活动、班队体育活动、班队科技活动、班队劳动、班队游戏活动。其中,适合小学生的班队劳动主要有社会公益性劳动和自我服务性劳动。自我服务劳动,是指照料自己的生活,保持环境整洁的劳动。日常生活中自我服务劳动是儿童最早参加的劳动。学校的自我服务劳动包括:做值日,保持教室、校园的卫生;布置教室,绿化校园和为集体服务等等。

考点11　班级活动的概念和类型

班级活动是指由班级成员参加的集体活动。广义的班级活动包括学习活动、生活活动、班会活动、团队活动、综合实践活动等。狭义的班级活动指在班主任的组织和领导下,为实现班级教育目标而举行的各种主题教育活动，如主题班会等。

1. 班级活动的类型

分类标准	类型	内容
班级活动的时间	日常性班级活动	每天或每周都要进行的活动。包括班会活动、班级晨会活动、值勤活动、班级自办报刊等舆论宣传活动
	阶段性班级活动	内容随全校性的活动进程而变化。主要有两大类：工作型活动和竞赛型活动

2. 主题班会分类

划分依据	种类	内容
活动类型	体验型	最常见的类型；是在主题班会里面通过对一个主题比较深入的体验，来使学生达到对这个主题的深入理解
	讨论型	指在班会中组织师生对一个问题进行深入地讨论
	表演型	如心理剧和道德情景剧等
	叙事型	指通过一个事件、故事的讲述来调动大家对这个故事的体验，唤起大家的共鸣
	综合型	在真正的主题班会类型里面往往是一种综合型
活动主题	日常主题	最常见的类型
	政治主题	如以“八荣八耻”为主题所进行的主题班会
	阶段性主题	在中小学各个年级都可能用到
	节日主题	如植树节、学雷锋纪念日等

考点12 少先队基本知识及少先队活动的特点

根据《中国少年先锋队章程》的内容，我们需掌握的少先队的常识有：

(1)队名：中国少年先锋队。

(2)创立者：中国共产党。

(3)领导者：党委托中国共产主义青年团直接领导少先队。

(4)性质：是中国少年儿童的群众组织，是少年儿童学习中国特色社会主义和共产主义的学校，是建设社会主义和共产主义的预备队。

(5)队旗、队徽：五角星加火炬的红旗是我们的队旗。五角星代表中国共产党的领导，火炬象征光明,红旗象征革命胜利。五角星加火炬和写有"中国少先队"的红色绶带组成我们的队徽。

(6)队歌:《我们是共产主义接班人》。

(7)标志:红领巾。它代表红旗的一角,是革命先烈的鲜血染成。每个队员都应该佩戴它和爱护它,为它增添新的荣誉。

(8)队员:凡是6周岁到14周岁的少年儿童,愿意参加少先队,愿意遵守队章,向所在学校少先队组织提出申请,经批准,就成为队员。

少先队活动的特点:教育性、自主性、组织性、趣味性、实践性、创造性。

考点13 课外活动的组织形式 【单选】

类型	内涵
群众性活动	一种面向多数或全体学生的带有普及性质的活动
小组活动	课外活动的基本组织形式;特点是自愿组合、小型分散、灵活机动
个别活动	指学生在教师指导下,在课外、校外单独进行的活动

考点14 课外活动的内容 【单选】

种类	内涵
社会实践活动	让学生走出校门,与社会接触,以帮助学生增长知识,提高能力,如参观、考察、社会调查、访问、宣传等
学科活动	课外活动的主体部分;以学习和研讨某一学科的知识或培养某一方面的能力为主要目的的活动,如数学活动小组、语文活动小组、以化学实验为专题的小组、以会话为专题的外语小组等
科技活动	以让学生学习和了解科技知识为目的的课外活动,如举办科技讲座,参观游览,成立无线电小组、航模小组等
文学艺术活动	培养学生对文艺的爱好和发展学生文艺方面的才能,如组织文学作品的欣赏和评论、参观展览等,还可以成立美术、书法、摄影等文艺小组
体育活动	锻炼学生的身体,增强他们的体质,训练他们的运动技能,培养他们吃苦耐劳的精神和对体育运动的兴趣,并尽可能满足体育爱好者的需要,及早发现和培养体育专业人才

续表

种类	内涵
社会公益活动	培养学生的劳动观念和劳动习惯,使他们养成爱劳动、爱劳动人民、爱护劳动成果的优良品质,并掌握生产劳动的基本知识、技能,提高他们的劳动技术素质
课外阅读活动	指学生在课堂教学范围之外,根据自己的兴趣爱好或某一方面的需要进行的一种自觉的读书活动
主题活动	就某一特定专题而开展的短期或长期的专门活动,如主题班会、学雷锋小组等

考点15 课外活动组织管理的基本要求

(1)要有明确的目的性、计划性。

(2)活动内容要丰富多彩,形式要多样化,要富有吸引力。

(3)发挥学生集体和个人的主动性、独立性和创造性,并与教师的指导相结合。

(4)要考虑学生的兴趣爱好和特长,符合学生的年龄特征。

(5)课堂教学与课外活动互相配合、互相促进。

(6)因地、因校制宜。

真题检测

一、单项选择题

1.[2019下半年]从课外活动的内容看,学校举办的法治教育报告会属于(　　)

A.学科活动　　B.社会活动　　C.主题活动　　D.文体活动

2.[2019上半年]学校在课外活动中举办安全教育报告会,这一活动形式属于(　　)

A.小组活动　　B.学科活动　　C.阅读活动　　D.群众性活动

3.[2018下半年]某小学为弘扬民族文化,围绕"中国风"组织学生在课外开展书法练习、风筝制作、中国结编织等活动。这属于(　　)

A.学科活动　　B.科技活动　　C.游戏活动　　D.主题活动

4.[2017下半年]小学生轮流值日负责班级卫生扫除,这属于(　　)

A.志愿服务劳动　　B.社会公益劳动

C.勤工俭学劳动　　D.自我服务劳动

5.[2017下半年]《中国少年先锋队队章》规定,少先队队员的入队年龄是(　　)

A.6~12周岁　　B.6~14周岁　　C.7~12周岁　　D.7~14周岁

6.[2017上半年]在小学课外活动中,学生摄影小组举办的摄影作品大赛属于(　　)

A.游戏活动　　B.学科活动　　C.科技活动　　D.文学艺术活动

7.[2016下半年]白老师在班会上声情并茂地讲述了钱学森历尽艰辛回到祖国,投身科

学研究事业的故事，激发起学生强烈的爱国热情。这种班会活动类型属于（　　）

A. 叙事型　　B. 讨论型　　C. 表演型　　D. 体验型

二、简答题

8.［2020 下半年］简述小学班主任对学优生的教育策略。

9.［2018 下半年］简述家校合作的途径。

10.［2017 下半年］简述班主任培养良好班风的主要措施。

三、材料分析题

11.［2019 上半年］材料：四（2）班的小明最近在校表现不好，学习成绩直线下滑，为了解小明在家中的情况，班主任顾老师到小明家家访。在同小明的父亲交流情况时，顾老师引用了一句古语："养不教，父之过。"小明的父亲听后很不高兴地说："顾老师，您这话欠妥。孩子是我生养的，我不送他到学校接受教育，剥夺他受教育的权利，那是我的过错。现在，我把孩子送到学校接受教育，你们教不好，这应是老师的过错，怎么能说是我们做家长的过错呢？"结果，双方未能在教育小明的问题上达成共识。

问题：

（1）结合材料，谈谈你对教师与家长冲突的看法。

（2）试述教师家访的注意事项。

参考答案及解析

一、单项选择题

1. C　［解析］本题考查课外活动的内容。主题活动是就某一特定专题而开展的短期或长期的专门活动。法治教育报告会是以"法治教育"为主题的专门活动，属于主题活动。

2. D　［解析］本题考查课外活动的组织形式。群众性活动是一种面向多数或全体学生的带有普及性质的活动。安全教育报告会是面向全体学生的活动，属于群众性活动。

3. D　［解析］本题考查课外活动的内容。题干中某小学围绕"中国风"这一主题，组织学生开展活动，属于主题活动。

4. D　［解析］本题考查班队劳动的类型。从形式上看，班队劳动主要有生产性劳动、社会公益性劳动、自我服务性劳动。适合小学生的班队劳动主要有社会公益性劳动和自我服务性劳动。其中，学校的自我服务劳动包括：做值日，保持教室、校园的卫生；布置教室，绿化校园和为集体服务等等。小学生轮流值日负责班级卫生扫除，属于自我服务劳动。

5. B　［解析］本题考查少先队基本知识。《中国少年先锋队章程》提出，凡是 6 周岁到 14 周岁的少年儿童，愿意参加少先队，愿意遵守队章，向所在学校少先队组织提出申请，经批准，就可成为队员。

6. D [解析]本题考查课外活动的内容。文学艺术活动主要是培养学生对文艺的爱好和发展学生文艺方面的才能。题干中的摄影小组举办的摄影作品大赛有利于培养学生的摄影爱好及才能,属于文学艺术活动。

7. A [解析]本题考查主题班会的类型。叙事型是通过一个事件、故事的讲述来调动大家对这个故事的体验,唤起大家的共鸣。题干中白老师通过讲述钱学森的故事,激起了学生们的强烈爱国热情,这种通过事件或故事的讲述来调动学生情感体验的活动属于叙事型的班会活动。

二、简答题

8. [参考答案](1)严格要求,防止自满;(2)不断激励,提高抗挫折能力;(3)消除嫉妒,公平竞争;(4)发挥优势,带动全班。

9. [参考答案]家校协调合作的途径有家访、班级家长会、家长学校、家长委员会、家长沙龙等。

10. [参考答案]培养良好班风的主要措施有:

(1)发挥班主任的表率作用;(2)发挥舆论阵地的宣传作用;(3)发挥身边榜样的作用;(4)发挥任课教师和家长的作用。

三、材料分析题

11. [参考答案](1)①材料中的班主任顾老师和小明的家长在交流的过程中没有做到互相尊重,只是简单地把孩子出现的问题归责于对方,没有形成教育合力,两者最终没有就小明的教育问题达成共识。

②材料中的班主任顾老师在跟小明家长沟通过程中缺乏沟通技巧,偏重指责、命令,很少运用引导、激励的方法,让家长对老师的要求产生抵触情绪,使沟通无实效。

③材料中小明的父亲片面地认为,教育孩子是学校和教师的事情,家长只把孩子照顾好就可以了。对于老师提出的一些建议也不予理睬,不能很好地与学校配合。

(2)为了使家访收到实效,要注意以下几点:

①明确家访目的,即每次家访不可例行公事,更不可盲目进行。②分析家访对象、选择家访时机,并选择与家长沟通访谈的恰当方式。家访时老师的态度要诚恳,要尊重学生和家长,注意谈话艺术,保护家长和学生的自尊心。更多情况下,班主任老师是带着学生的“不足”去家访的,而家访的目的则是想在家长的配合下,让学生改掉这些不足。“望子成龙”“望女成凤”是绝大多数家长共同的心理,但家长都不想听到别人对自己孩子的否定性评价,这就需要班主任的信息传递具有艺术性,要多鼓励,忌多批评。③注重家访后期追踪,有针对性地调整后续的教育方式。

学科知识

今日目标

了解各学科基础知识。

专题 学科知识

考点1 小学语文学科知识 【教学设计】

1. 汉字造字法

一般来说,汉字的造字方法有象形、指事、会意、形声四种。

(1)象形:画出实物的形状。

(2)指事:多数指事字是在象形字上加符号。

(3)会意:由两个或两个以上的象形字、指事字合成一个新的意思。

(4)形声:由"形旁"和"声旁"构成。

2. 汉字的偏旁和部首

(1)偏旁

现在习惯把汉字的上下左右统称为偏旁。

汉字按结构可分为独体字和合体字两大类:

①独体字拆不开,大都是象形字和指事字,如"人""水""中"等。

②合体字是由两个或更多的独体字合成的一个字,会意字与形声字一般都是合体字。如"尘"由"小"和"土"合成。

合体字的间架结构有七种类型:①左右结构;②左中右结构;③上下结构;④上中下结构;⑤半包围结构;⑥全包围结构;⑦品字形结构。

(2)部首

部首是具有字形归类作用的偏旁,如树、杜、桦等属木部,木就是部首。可见,部首也是偏旁,但偏旁不一定是部首。

3. 常用修辞手法

常用的修辞手法主要有:比喻、比拟、夸张、排比、对偶、借代、反复、反语、反问、设问。此外,教材中出现较多的修辞手法还有:引用、双关、顶真(或称"顶针""联珠")、呼告、叠字、警策、通感、婉曲、讳饰等。

4. 表现手法及其作用

表现手法	作用
象征	引申事理,使抽象事物具体化,激发联想,感染力强
衬托	突出所要表现的事物特点,强化思想感情;使主要形象更加鲜明,使文章曲折含蓄
抑扬(先抑后扬,先扬后抑)	引发好奇,使文章曲折有波澜;感情铺垫,突出喜欢赞美或批评讽刺的情感
托物言志	在对事物的描绘过程中寄托作者的个人情感和理念
借景抒情	通过景物的描写,来衬托作者或喜或悲的情感
虚实结合	突出事物的本质特征,将人物性格刻画得更鲜明,凸显事物、景物的特点
动静结合	以静衬动或以动衬静,起烘托作用
以小见大	由平凡细微的事情反映重大的主题,突出表现中心,更具震撼力
渲染烘托	使主要形象更加鲜明
联想想象	丰富文章内容;使形象更为生动;增添文章的艺术表现力
反语(反讽)	辛辣讽刺,幽默有趣,使文章富有战斗性

5. 表达方式

(1)叙述:顺叙、倒叙、插叙、补叙等。

(2)描写:人物描写、环境描写、景物描写等。

(3)抒情:直接抒情、间接抒情。

(4)说明:下定义、分类别、作诠释、摹状貌、举例子、列数字、打比方、作比较等。

(5)议论:议论文的论据分为事实论据和道理论据。常用的论证方法有:举例论证(事实论证)、归纳论证、引用论证、对比论证、比喻论证等。

6. 语言的特色与风格

(1)平实自然:语言朴素,不事夸张,但于平淡之中蕴涵深意,亲切自然。

(2)华美绚丽:较多使用整句句式,修饰性辞藻丰富,文采飞扬,具有感染力。

(3)较多使用生动活泼的口头用语:生动活泼、亲切自然。

(4)生动形象(较多运用修辞手法):语言富有感染力,化深奥为浅显,化抽象为具体。

(5)幽默讽刺:一针见血,入木三分,语言富有感染力,强化讽刺效果。

(6)委婉含蓄:容易引起读者的感情共鸣。

(7)准确简练(意思表达明确,用语简单):短促有力,语言富于感染力。

(8)典雅优美(较多引用古典诗文):语言具有古典的美感,丰富文章文化内涵。

7. 古诗词鉴赏——意境类

(1)分析思路

鉴赏古诗的意境要注意作者选取了哪些景物(意象),有什么特征,渲染了何种气氛或传达了何种情感,情景之间的关系如何等。

(2)答题步骤

①描绘诗中展现的图景画面(或指出描写的具体景象、意象)。既要忠实于原诗,又要用自己的联想再加以创造。②概括景物营造的氛围(意境)特点。③分析作者的思想感情。切忌空洞,要答具体。比如只答"表达了作者感伤的情怀"是不行的,应答出为什么而"感伤"。

8. 古诗词鉴赏——意象类

(1)分析思路

分析诗歌意象要根据诗歌描绘的具体物象和画面识别其性质,并在读懂诗歌的基础上概括出诗歌意象的象征意义和社会意义。

意象作用:营造气氛;设置背景或环境;塑造意境;奠定情感基调;借景抒情;衬托(人物性格、品质;以景衬境、以景衬情);诗歌线索。

(2)答题步骤

①找出诗中描绘的意象;②分析意象的基本含义(表层含义+深层含义)或内涵;③指出描绘意象的作用或效果。

考点 2 小学数学学科知识 【教学设计】

1. 小数的分类

小数部分的位数是有限的小数叫有限小数。

小数部分的位数是无限的小数叫无限小数。

2. 最大公约数和最小公倍数

公约数只有1的两个数或几个数,叫做互质数。

最大公约数:几个数公有的约数中最大的一个。

最小公倍数:几个数公有的倍数中最小的一个。

3. 精算与估算

(1)精算:是指依靠数学运算符号,得到"准确"的结果或"比较精确的近似值"。

(2)估算:利用一些估算策略,获得一种概略化的结果,就是"大致推算"。

(3)估算与精算的区别:精算的结果是求近似数时,必须有"精确度"的要求,而估算没有"精确度"的要求。估算的策略不同,得到的近似结果也不同。

4. 对应思想

对应思想是指在两类事物(集合)之间建立某种联系的思维方法。它是函数和方程思想的支柱。小学数学中,在数与形、形与形、量与量、量与率等的变化规律中,都存在着大量的对应关系。

培养学生对应思想的途径有:

(1)在观察比较中渗透对应思想。

(2)在数形结合中渗透对应思想。

(3)在应用中渗透对应思想。

(4)在反思中渗透对应思想。

5. 数学模型思想

所谓数学模型思想就是针对要解决的问题,构造相应的数学模型,通过对数学模型的研究来解决实际问题的一种数学思想方法。

6. 分类思想

所谓分类思想指的是根据所考虑的一些对象的某种共同性和差异性将它们分类来进行研究的一种指导思想。分类时,人们根据一定的法则(标准),把所考虑的对象全体组成的集合划分成若干个子集(类),使得具有某一共性的对象属于同一个子集,而不具有这种共性的对象属于别的子集。

学生分类思想的培养包括:渗透分类思想,培养分类的意识;渗透学习分类方法,增强思维的缜密性;引导分类讨论,提高合理解题的能力。

7. 统计

统计图是表示数量之间关系的图形,通常可以分为条形统计图、折线统计图和扇形统计图三种。

①条形统计图

条形统计图是用一个单位长度表示一定的数量,根据数量的多少画成长短不同的直条,然后把这些直条按照一定的顺序排列起来。

特点:很容易看出各种数量的多少。

②折线统计图

折线统计图是用一个单位长度表示一定的数量,根据数量的多少找出各点,然后把各点用线段顺次连接起来。

特点:表示出数量的多少;表示出数量增减变化的情况。

③扇形统计图

扇形统计图是用整个圆表示总数,用圆内各个扇形的大小表示各部分数量占总数的百分数。

特点:表示出各部分数量同总数之间的关系。

考点 3 小学英语学科知识 【教学设计】

1. 语音知识

(1)英语音素:①元音;②辅音。

(2)音节:最小的发音单位。

(3)重音:①单词的重音;②语句重音。

(4)语调:英语的基本语调有五种:升调、降调、降升调、升降调和平调。其中最主要的是降调、升调和降升调,分别以"↘""↗"和"∨"记号做出标记。

2. 语法知识

(1)词法

①名词:名词的复数,名词的所有格,名词作定语。

②形容词/副词的原级、比较级和最高级。

③非谓语动词:动词不定式、动名词、分词。

④其他常见词类:代词、冠词、介词、连词等。

⑤主要构词法:合成法、派生法、转化法。

(2)句法

①时态和语态

时态:主要考查12种,即一般现在时、一般过去时、一般将来时、现在进行时、过去进行时、将来进行时、现在完成时、过去完成时、将来完成时,以及现在完成进行时、过去完成进行时、将来完成进行时。

语态:主动语态和被动语态。

②句子的成分

句子分为主语、谓语、宾语、表语、定语、补语、状语、同位语和独立成分。

③句子的种类

按作用划分:陈述句、疑问句、祈使句和感叹句。

按结构划分:简单句、并列句和复合句。

特殊句型:强调句、倒装句、省略句。

3. 英语歌曲的特点

(1)用词简单,易于理解;(2)句式多样,结构灵活;(3)韵律响亮,朗朗上口;(4)语言活泼,生动形象。

4. 英语歌曲的教学作用

①丰富教学形式,创设轻松的学习环境。

②渲染学习氛围,激发学生的学习兴趣。

③强化巩固知识,提高学生的语言技能。

④展现语言文化，拓展学生的文化视野。

考点 4 小学音乐学科知识 【教学设计】

1. 少儿歌曲的基本特点

	基本特点
曲调	音域窄、顿逗多
	节奏（或节奏型）口语化
	常采用重复或模进的手法来展开旋律
歌词	主题突出、寓教于乐
	形象鲜明、语言生动
	节奏清晰、声韵和谐
	通俗易懂、富有童趣

2. 少儿歌曲常见体裁

体裁	特点	作品举例
进行曲	节奏鲜明、结构方整、速度适中，有强烈的行进感，积极向上	《中国少年先锋队队歌》
歌舞曲	具有鲜明的舞蹈节奏特点，旋律欢快、活泼，结构规整，强弱对比明显	《娃哈哈》《金孔雀轻轻跳》
抒情歌曲	旋律优美、流畅，节奏宽广舒展，情感细腻深切	《小白船》
劳动歌曲	伴随劳动生产所唱的歌曲，曲调质朴，节奏性强，短句多，衬词多，有浓厚的劳动气息	《洗手绢》
叙事歌曲	歌词情节浓厚，旋律语言化	《歌唱二小放牛郎》
表演歌曲	旋律既富于歌唱性，又富于律动性	《拔萝卜》
歌谣体歌曲	歌曲短小，口语化，曲调与歌词的节奏、语气一致，轻松流畅	《小鸭子》
诙谐歌曲	歌词夸张、风趣，曲调口语化和歌唱性相结合	《粗心的小画家》

3. 不同节奏的表现特点

节奏类型	表现特点/举例
短促	紧凑、活跃，易于表现欢快活泼或紧张的情绪。如《小螺号》
缓慢、悠长	舒展、悠扬，易于表现宽广、深沉的情绪。如《让我们荡起双桨》

续表

节奏类型	表现特点/举例
切分	对词意的表达和旋律的发展有一种向前推进的力量
短时值的附点	给旋律带来弹性和活力。如《我们是共产主义接班人》

4. 不同节拍的表现特点

节拍类型	表现特点
二拍子	明快有力，常用以表现轻快活泼、雄壮有力的情绪。如进行曲及舞蹈性歌曲
三拍子	给人以动荡、摇曳和不均衡的美感，易表现轻松、活泼和柔和之情。如抒情风格及圆舞曲
四拍子	温和，一般表现深情、宽广的意境。如抒情风格的歌曲、颂歌，叙事风格的歌曲
六拍子	快时比三拍子活泼，慢时比三拍子抒情
变换拍子	旋律的节拍重音发生变化，造成情绪、色彩上的对比，增强了歌曲的艺术感染力

5. 常用调式类型

类型	分类
大调式	自然大调、和声大调、旋律大调
小调式	自然小调、和声小调、旋律小调
民族调式	五声调式、六声调式、七声调式

考点5 小学体育与健康学科知识 【教学设计】

1. 小学体育与健康水平二常见运动技能

体育活动	教学重点	教学难点
20～30 米通过 2～3 个障碍物的跑	方法正确，姿势合理，安全、快速通过	灵敏、快速通过障碍物
立定跳远	弹性屈伸与快速有力起跳相结合	上下肢动作协调配合
急行跳远	助跑与踏跳的结合	准确、有力地踏跳
“8”字跳长绳	入绳及出绳时间的把握	动作迅速、协调，两同学间衔接连贯
前滚翻	两脚蹬伸，滚动圆滑	两脚蹬直，收腿团身时机
后滚翻	后倒快、团身紧，滚动圆滑	翻掌贴肩，快速推手

续表

体育活动	教学重点	教学难点
行进间运球	手指控制球时的部位与运球方向，按拍球的力量与身体协调配合	跑动与运球的协调配合
原地双手胸前传接球	传球的伸、翻、拨，接球时的伸、迎、引	传球的翻腕、拨指和接球的前伸、后引，动作连贯、协调用力
脚内侧运球和脚背正面运球	脚内侧运球：支撑脚与球的位置，运球时脚内侧触球的部位；脚背正面运球：脚背正面推拨球的动作	行进间控球的协调性
正手推挡球（以右手为例）	引拍手臂略内旋，前臂和手腕前迎推压	挥拍击球的时机与判断来球

2. 小学体育与健康水平三常见运动技能

体育活动	教学重点	教学难点
50 米快速跑	起跑有力，加速明显；途中跑时重心平稳，直线性好，蹬摆有力，较自然放松	跑的各环节衔接紧密；途中跑动作协调、自然、有力
跨越式跳高	助跑的速度和节奏，助跑与起跳技术	助跑与起跳衔接技术，摆动腿内旋下压，过杆动作协调
向前、向后摇绳编花跳	两臂交叉和还原的时机	两臂交叉后的抖腕摇绳；上下肢配合协调，节奏均匀
双摇跳	跳跃有高度，摇绳快速、有节奏	摇绳与跳跃动作的协调配合
低单杠：单挂膝悬垂摆动（以左腿挂膝为例）	摆动腿弧形摆动	摆腿与拉、压臂的配合
体前变向换手运球	拍按球的位置准确，跨步、转体、前倾、探肩等动作协调连贯	手脚配合协调，节奏清晰
背内侧传球	斜线助跑，支撑脚的位置以及支撑脚脚尖指向出球方向	踢球腿的摆动和脚击球的部位
正面下手双手垫球	夹臂、提肩、压腕，垫球的部位准确	判断准确，上下肢协调用力

考点 6 小学美术学科知识 【教学设计】

1. 素描遵循的基本原则与作画步骤

素描基本原则："整体—局部—整体"的观察与表现原则。

素描作画步骤:(1)经营构图,确定轮廓;(2)深入刻画,塑造形象;(3)调整统一,完美画面。

2. 中国画

(1)概述

中国传统绘画的门类很多,形式风格多样,还包括书法、篆刻、壁画、民间绘画等。

从绘画题材分有人物、山水和花鸟画,这三者也称中国画的三大画科。

从绘画技法分有工笔、写意等。

从绘画的用色分有浅绛山水、青绿山水。青绿山水又分为小青绿、大青绿、金碧山水三种形式。

中国画最早成熟的画种是人物画。

(2)艺术特点

①以线为主的中国笔墨;②重"写意";③遵循"以形写神,形神兼备"的艺术原则;④运用比、喻、兴、借等手法;⑤诗词入画,提倡诗情画意。

(3)中国画技法

中国画技法包括笔墨、色法、水法。

在调墨作画时,由于加水量不同,有"墨分五色"之说,即焦、浓、重、淡、清五个色阶。

3. 版画

版画是一种特殊的画种,不是直接画出来的,而是画家画好画稿以后,运用刀、笔、钢针或其他工具,在木板、石板、纸板、金属板、麻胶板、塑料板等不同物质材料的版面上,雕刻或蚀刻后印刷出来的美术作品。

分类:①依据制版时采用的物性版材,版画可以分为木版画、铜版画、石版画、丝网版画以及其他版种(如石膏版画、纸版画、电脑版画等)。②依据印刷方式,可分为凸印版画、凹印版画、平印版画、漏印版画。③依据使用色彩的多少,可分为单色版画和套色版画。④依据印数多少,可分为独幅版画和多幅版画。

4. 肖像画

肖像画专指描绘人物形象的画,可分为头像、半身像、全身像、群像等。中国肖像画着重刻画人物本身特定的外形特征和内在神韵,获得形神兼备的效果。肖像画着重表现人物的气质和心理活动。艺术家为自己所绘的肖像作品称为自画像。

5. 民间美术

民间美术主要包括木版年画、铁画、剪纸三大类。其中剪纸的装饰纹样是许多民间艺人在长期的剪纸实践中总结出来的,用于表现特定事物、美化事物的装饰纹样。常用的剪纸装饰纹样有锯齿纹、月牙纹、鱼鳞纹、漩涡纹、云纹、柳叶纹等。

教学实施(一)

今日目标

1. 理解教学的概念、特点和基本任务。
2. 掌握教学与教育、智育、上课的关系。
3. 掌握教学过程的生成与基本规律。
4. 理解教学过程的本质和结构。
5. 理解教学设计的相关内容。

专题一　教学概述

考点1　教学的概念与特点

教学是在一定教育目的规范下,由教师的"教"和学生的"学"共同组成的传递和掌握社会经验的双边活动。

教学的特点:(1)教学以培养全面发展的人为根本目的;(2)教学由教与学两方面组成;(3)教学具有多种形态,是共性与多样性的统一。

考点2　教学与教育、智育、上课的关系【单选】

(1)教学与教育是部分与整体的关系。

(2)智育主要是通过教学进行的;教学是智育的主要途径,但不是唯一途径。

(3)教学与上课是整体与部分的关系。上课是教学工作的中心环节,教学的任务主要是通过上课完成的。

考点3　教学的基本任务

(1)引导学生掌握科学文化基础知识和基本技能。这也是教学的首要任务。

(2)发展学生智能,特别是培养学生的创新精神和实践能力。

(3)发展学生体力、提高学生的健康水平。

(4)培养学生高尚的审美情趣,养成良好的品德,形成科学的世界观。

(5)关注学生个性的发展。

专题二　教学过程

考点 4　教学过程的概念、预设和生成 【单选】

1. 教学过程的概念

教学过程是教师根据一定社会的要求和学生身心发展的特点，指导学生有目的、有计划地掌握系统的科学文化知识和基本技能，发展学生的智力和体力，培养学生的良好品德和健康个性，使其形成科学世界观的过程。

一般认为，教师、学生、教学内容和教学手段是构成教学过程的基本要素。

2. 教学过程的预设

教学过程的预设是指课前进行有目的、有计划的设想与安排。预设性体现了教学过程的科学性。

3. 教学过程的生成

教学过程的生成是指在师生和生生之间的合作、对话、碰撞中，现时生成的超出教师预设方案的新问题、新情况。生成性教学具有复杂性、动态性、情景性、偶发性和隐藏性等特征，体现了教学过程的艺术性。

考点 5　教学过程的本质

教学活动就其本质而言，是一种特殊的认识活动。

(1)教学过程主要是一种认识过程。

(2)教学过程是一种特殊的认识过程。

其特殊性表现在：①认识对象的间接性与概括性；②认识方式的简捷性与高效性；③教师的引导性、指导性与传授性(有领导的认识)；④认识的交往性与实践性；⑤认识的教育性与发展性。

(3)教学过程以认识活动为基础，是促进学生身心发展的过程。

考点 6　教学过程的基本规律 【单选】

基本规律	具体表现
间接经验与直接经验相结合 (间接性规律)	◇以间接经验为主是教学活动的主要特点。学习间接经验是学生认识客观世界的基本途径 ◇学生学习间接经验要以直接经验为基础 ◇贯彻直接经验与间接经验相统一的规律，要防止两种倾向：过分强调书本知识的传授和学习或只强调学生通过自己探索去发现、积累知识

续表

基本规律	具体表现
教师主导作用与学生主体作用相统一(双边性规律)	◇充分发挥教师的主导作用 ◇充分发挥学生主体参与教学的能动性。教学中,学生是学习的主人,具有主观能动性 ◇教师的主导作用和学生主体作用之间的辩证统一关系 ◇贯彻教师主导作用与学生主体作用相统一的规律,要防止两种倾向:只重视教师的作用或只强调学生的作用
掌握知识和发展智力相统一(发展性规律)	◇知识和智力是两个不同的概念 ◇传授知识与发展智力二者是相互统一和相互促进的 ◇要使知识的掌握真正促进智力的发展是有条件的 ◇贯彻掌握知识和发展智力相统一的规律,要防止两种倾向:只强调训练学生的思维形式,忽视知识的传授或只向学生传授对实际生活有用的知识,忽视对学生认识能力的训练
传授知识与思想品德教育相统一(教育性规律)	◇知识是思想品德形成的基础。正如赫尔巴特说的"我不承认有任何无教育的教学",教学永远具有教育性。在教学过程中,学生的知、情、意同时介入,相互作用 ◇思想品德修养的提高为学生积极地学习知识提供动力 ◇在教学过程中要注意把传授知识与思想品德教育有机结合起来

教师主导作用主要体现在:(1)教师决定着学生学习的方向、内容、进程、结果和质量,并起着引导、规范、评价和纠正的作用;(2)教师对学生学习方式以及学习的态度发挥作用;(3)教师影响学生的个性以及人生观、世界观的形成。

学生的主体性调动得怎样,学习的效果怎样,是衡量教师主导作用发挥得好坏的主要标志。

考点 7 教学过程的结构

教学过程的结构指教学过程的基本阶段。教学过程大致分为五个阶段:激发学习动机;领会知识;巩固知识;运用知识;检查知识。

专题三　教学设计

考点 8　教学设计的概念与原则

教学设计是指为了达到预期的教学目标，运用系统的观点和方法，遵循教学过程的基本规律，对教学活动进行系统规划的过程。

教学设计的原则：系统性原则、目标性原则、程序性原则、反馈性原则、具体性原则、可行性原则。

考点 9　教学设计的依据

(1)现代教学理论、学习理论与传播理论。

(2)系统的原理和方法。

(3)教学的实际需要。

(4)学生的需要和特点。

(5)教师的教学经验。

考点 10　教学设计的步骤

(1)教学背景分析。

(2)教学目标设计。

(3)教学重难点设计。

(4)教学过程设计。

(5)作业布置。

(6)板书设计。

真题检测

单项选择题

1.[2017下半年]教师应引导学生而不是代替学生做出选择，这是尊重和发挥(　　)

A.学生的主体性　　B.学生的差异性

C.学生的创造性　　D.学生的发展性

2.[2017下半年]通过复习导入新课时，杨老师发现学生对相关知识掌握不牢固，于是针对性地进行了补充讲解。这一教学过程具有(　　)

A.预设性　　B.生成性　　C.启发性　　D.随意性

3. [2015 上半年]在教育理论中，教育与教学的关系是(　　)

A. 结果与过程的关系　　B. 整体与部分的关系

C. 目标与手段的关系　　D. 内容与方法的关系

参考答案及解析

单项选择题

1. A　[**解析**]本题考查教学过程的基本规律。题干中老师引导学生做出选择体现了教师为主导，学生为主体的教育理念，凸显了学生的主体作用。

2. B　[**解析**]本题考查教学过程的预设与生成。教学过程的生成是指在师生和生生之间的合作、对话、碰撞中，现时生成的超出教师预设方案的新问题、新情况。相对于预设性教学而言，生成性教学更强调学习的自主构建和教学的动态生成。题干中通过复习导入新课时，杨老师发现学生对相关知识掌握不牢固，于是针对性地进行了补充，这一教学过程具有生成性。

3. B　[**解析**]本题考查教学与教育的关系。教学与教育是一种部分与整体的关系。教育包括教学，教学只是学校进行教育的一个基本途径。除教学外，学校还通过课外活动、生产劳动、社会活动等途径对学生进行教育。

教学实施(二)

今日目标

1. 掌握我国小学常见的教学原则和直观手段的种类。
2. 掌握以语言传递、直观感知、实际训练为主的教学方法。
3. 理解两种对立的教学方法指导思想和其他教学方法。
4. 了解选择教学方法的基本依据。

专题一　教学原则

考点 1　我国小学常见的教学原则　【单选、材料分析】

教学原则	基本含义	贯彻要求
科学性和思想性(教育性)相统一	教学要以马克思主义为指导,授予学生科学知识,并结合知识教学对学生进行社会主义品德和正确人生观、科学世界观教育。其实质是要求在教学活动中把教书和育人有机地结合起来	(1)教师要保证教学的科学性 (2)教师要结合教学内容的特点进行思想品德教育 (3)教师要通过教学活动的各个环节对学生进行思想品德教育 (4)教师要不断提高自己的业务能力和思想水平
理论联系实际	教师在教学中,应使学生从理论与实际的结合中来理解和掌握知识,并引导他们运用新获得的知识去解决各种实际问题,培养他们分析问题和解决问题的能力	(1)重视书本知识的教学,在传授知识的过程中注重联系实际 (2)重视引导和培养学生运用知识的能力 (3)加强教学的实践性环节,逐步培养与形成学生综合运用知识的能力,进行“第三次学习” (4)正确处理知识教学与能力训练的关系 (5)补充必要的乡土教材

续表

教学原则	基本含义	贯彻要求
直观性	在教学活动中，教师应尽量利用学生的多种感官和已有的经验，通过各种形式的感知，使学生获得生动的表象，从而比较全面、深刻地掌握知识 荀子说过，“不闻不若闻之，闻之不若见之”“闻之而不见，虽博必谬” 夸美纽斯在著作《大教学论》中指出，应该尽可能地把事物本身或代替它的图像放在面前，让学生去看看、摸摸、听听、闻闻等	(1)正确选择直观教具和教学手段 (2)将直观教具的演示与语言讲解结合起来 (3)重视运用言语直观
启发性	在教学活动中，教师要调动学生的主动性和积极性，引导他们通过独立思考、积极探索，生动活泼地学习，自觉地掌握科学知识，提高分析问题和解决问题的能力 苏格拉底的“产婆术”、孔子提出的“不愤不启，不悱不发”的教学要求以及《学记》中“道而弗牵，强而弗抑，开而弗达”的教学思想 第斯多惠曾说：“一个坏的教师奉送真理，一个好的教师则教人发现真理”	(1)加强学习的目的性教育，调动学生学习的主动性(这是贯彻启发性原则的首要问题) (2)设置问题情境，启发学生独立思考，培养学生良好的思维方法和思维能力 (3)让学生动手，培养学生独立解决问题的能力，鼓励学生将知识创造性地运用于实际 (4)发扬教学民主，它包括：建立民主平等的师生关系和生生关系，创造民主和谐的教学气氛，鼓励学生发表不同见解，允许学生向教师提出质疑，等等
循序渐进(系统性)	教师要严格按照学科知识的内在逻辑和学生的认知发展规律进行教学，使学生掌握系统的科学文化知识，能力得到充分的发展 《学记》中“学不躐等”“不陵节而施”和朱熹提出的“循序而渐进，熟读而精思”	(1)教师的教学要有系统性 (2)抓主要矛盾，解决好重点与难点 (3)教师要引导学生将知识体系化、系统化 (4)按照学生的认识顺序，由浅入深、由易到难、由简到繁地进行教学

教学原则	基本含义	贯彻要求
巩固性	教师在教学中要引导学生在理解的基础上牢固地掌握基本知识和基本技能，而且在需要的时候，能够准确无误地呈现出来，以利于知识技能的利用 孔子的“学而时习之”“温故而知新”、夸美纽斯的“教与学的巩固性原则”以及乌申斯基的“复习是学习之母”	(1)要在教学的全过程中加强知识的巩固 (2)组织好学生的复习工作，教会学生记忆的方法 (3)通过扩充、改组和运用知识的过程来巩固知识
因材施教	教师在教学中，要从课程计划、学科课程标准的统一要求出发，面向全体学生，同时要根据学生的个别差异，有的放矢地进行有差别的教学，使每个学生都能扬长避短，获得最佳的发展	(1)要坚持课程计划和学科课程标准的统一要求 (2)教师要了解学生，从实际出发进行教学 (3)教师要善于发现每个学生的兴趣、爱好，并创造条件，尽可能使每个学生的不同特长都得以发挥
量力性（可接受性）	教学的内容、方法、分量和进度要适合学生的身心发展，使他们能够接受，但又要有一定的难度，需要他们经过努力才能掌握，以促进学生的身心发展	(1)了解学生的发展水平，从实际出发进行教学 (2)考虑学生认识发展的时代特点

考点 2 直观手段的种类

(1)实物直观，包括观察各种实物、标本，实习，实验，教学性参观等；(2)模像直观，包括各种图片、图表、模型、幻灯片、录像带等；(3)言语直观，它是通过教师形象化的语言描述进行的。

专题二　教学方法

考点 3 两种对立的教学方法指导思想

依据指导思想不同，各种教学方法可归并为两大类——注入式和启发式，这是两种根本对立的教学方法指导思想。

注入式是一种“填鸭式”的教学方法，是指教师从主观出发，把学生看成单纯接受知识的容器，向学生灌输知识，无视学生在学习上的主观能动性。

启发式则是指教师从学生实际出发，采取各种有效的形式去调动学生学习的积极性，指导他们自己去学习的方法。

考点 4 以语言传递为主的教学方法 【单选】

方法	主要内容
讲授法	教师运用口头语言系统连贯地向学生传授知识、技能，发展学生智力的教学方法。分讲读、讲述、讲解和讲演四种形式 优点：可以充分发挥教师的主导作用 缺点：不易发挥学生的主动性和积极性，不利于因材施教，容易造成“填鸭式”“满堂灌”的教学效果
谈话法	教师和学生相互交谈，以引导学生根据已有的知识和经验，通过独立思考去获得新知识的教学方法
讨论法	全班或小组成员在教师的指导下，围绕某一中心问题发表自己的看法和见解，从而进行相互学习的一种方法。在高年级运用得比较多 运用此法的基本要求：讨论前做好充分准备；讨论中要对学生进行启发诱导；在讨论结束时要做好小结
读书指导法	教师指导学生通过阅读教科书和其他参考书，以获得知识、巩固知识、培养学生自学能力的一种方法。包括指导学生阅读教科书和阅读课外书籍两个方面

考点 5 以直观感知为主的教学方法 【单选】

这类教学方法具有形象性、具体性、直接性和真实性的特点。

方法	内涵
演示法	教师通过展示实物、直观教具，进行示范性的实验或采取现代化视听手段等，指导学生获得知识或巩固知识的方法，体现了直观性、理论联系实际的教学原则
参观法	又称现场教学，是教师根据教学目的和要求，组织学生进行实地考察、研究，使学生获取新知识，巩固、验证旧知识的一种教学方法

考点 6 以实际训练为主的教学方法 【单选】

方法	主要内容
练习法	◇学生在教师指导下运用知识去反复完成一定的操作，或解决某类作业与习题，以加深理解和形成技能技巧的方法 ◇中小学各科教学普遍采用的教学方法 ◇运用此法的基本要求：教师要使学生明确练习目的和要求；练习的题目要注意学生基础知识的积累、巩固以及基本技能的提高；教师要教给学生正确的练习方法，并对学生的练习进行及时的检查和反馈；在练习过程中要注意培养学生自我检查的能力和习惯；练习方式要多样化
实验法	◇教师引导学生使用一定的仪器和设备，进行独立操作，以引起某些事物和现象产生变化，从而使学生获得直接经验，培养学生技能和技巧的教学方法 ◇常用于物理、化学、生物等自然学科的教学 ◇运用此法的基本要求：明确目的，精选内容，制订详细的实验计划，提出具体的操作步骤和实验要求；做好实验的组织和指导；做好实验小结
实习作业法	◇教师根据学科课程标准要求，指导学生运用所学知识在课上或课外进行实际操作，将知识运用于实践的教学方法 ◇有利于理论与实践的结合，对培养学生运用书本知识从事实际工作的能力有重要的意义
实践活动法	让学生参加社会实践活动，培养学生解决实际问题的能力和多方面实践能力的教学方法

考点 7 以引导探究为主的教学方法

以引导探究为主的教学方法是指教师组织和引导学生通过独立的探究和研究活动而获得知识的方法，主要是发现法。

发现法又称探索法、研究法，是指学生在教师指导下，对所提出的课题和所提供的材料进行分析、综合、抽象和概括，自行发现并掌握相应的原理和结论的一种教学方法。

考点 8 以情感陶冶(体验)为主的教学方法 【单选】

方法	内涵
欣赏教学法	在教学过程中指导学生体验客观事物的真善美的一种教学方法
情境教学法	在教学过程中，教师有目的地引入或创设具有一定情绪色彩的生动具体的场景，以引起学生一定的情感体验，从而帮助学生理解教材，并使学生的心理机能得到发展的教学方法

考点 9 选择教学方法的基本依据

(1)教学目的和任务的要求。

(2)课程性质和特点。

(3)每节课的重点、难点。

(4)学生年龄特征。

(5)教学时间、设备、条件。

(6)教师业务水平、实际经验及个性特点。

此外,教学方法的选择与运用还受教学手段、教学环境等因素的制约,这就要求我们要全面、具体、综合地考虑各种相关因素,进行权衡取舍。

真题检测

一、单项选择题

1. [2020 下半年]教学《圆的认识》一课时,教师展示圆形图片、硬币,让学生看一看、摸一摸,然后总结圆的特点。这一教学过程主要遵循的是(　　)

A. 直观性原则　　B. 启发性原则

C. 循序渐进原则　　D. 因材施教原则

2. [2019 下半年]布置作业时,李老师针对不同水平的学生设置了不同数量和难度的作业,这一做法所遵循的教学原则是(　　)

A. 直观性原则　　B. 启发性原则

C. 循序渐进原则　　D. 因材施教原则

3. [2019 下半年]教学《雪地里的小画家》一课时,张老师展示了大量动物脚印的图片,帮助学生更好地理解课文内容。他所采用的教学方法是(　　)

A. 实验法　　B. 练习法　　C. 演示法　　D. 参观法

4. [2019 上半年]学完《雷锋叔叔,你在哪里》一课后,为了更好地达成"通过朗读感悟,懂得奉献爱心"的教学目标,老师布置学生有感情地反复朗读课文。这种教学方法属于(　　)

A. 练习法　　B. 实验法　　C. 读书指导法　　D. 实习作业法

5. [2019 上半年]《学记》中"君子之教,喻也"所蕴含的教学原则是(　　)

A. 直观性原则　　B. 因材施教原则　　C. 启发性原则　　D. 循序渐进原则

6. [2018 上半年]为了验证二氧化碳不支持燃烧,老师让学生分组合作,把点燃的火柴放进装有二氧化碳气体的瓶中,并观察瓶中的变化。这种教学方法属于(　　)

A. 实验法　　B. 练习法　　C. 演示法　　D. 探究法

7. [2017 下半年]数学课上,马老师有意让学习成绩差的小军回答了一个简单的问题,

并鼓励了他。这主要体现的教学原则是(　　)

A. 启发性原则　　B. 直观性原则

C. 循序渐进原则　　D. 因材施教原则

8. [2017 上半年]张老师在课堂上出示了一个钟表模型,通过对三个指针的操作,帮助小学生很快理解了“时、分、秒”的概念。这体现的教学原则是(　　)

A. 巩固性原则　　B. 直观性原则

C. 循序渐进原则　　D. 因材施教原则

9. [2017 上半年]课堂教学中,课桌椅子摆放方式会影响教学方法的运用效果。一般来说,“秧田型”最适合的教学方法是(　　)

A. 实验法　　B. 讲授法　　C. 探究法　　D. 讨论法

10. [2016 上半年]荀子在《劝学篇》中指出:“不积跬步,无以至千里;不积小流,无以成江海。”这句话所蕴含的教学原则是(　　)

A. 循序渐进原则　　B. 因材施教原则

C. 启发诱导原则　　D. 直观性原则

11. [2015 上半年]曹老师在教《圆的周长》时,讲述了我国古代数学家祖冲之在计算圆周率上的卓越贡献,同学们感到很自豪。曹老师遵循的教学原则是(　　)

A. 启发性原则　　B. 巩固性原则

C. 因材施教原则　　D. 科学性与思想性相统一原则

二、材料分析题

12. [2019 上半年]材料:王老师出示问题:每棵树苗 16 元,张叔叔要买 4 棵,经过协商,买 3 棵送 1 棵。每棵便宜多少元?学生很快就有了以下两种解法:

(1)16×3=48(元),48÷4=12(元),16-12=4(元)

(2)16×3=48(元),16×4=64(元),64-48=16(元),16÷4=4(元)

王老师习惯性地问了一句:“还有不同的解法吗?”

小杰迟疑地举起了手:“老师,我的方法是 16÷4=4(元),但我说不出为什么。”这种解法王老师也没预料到,是否可行呢?是巧合吗?面对这一情况,王老师及时调整了教学思路,组织同学进行探讨。

学生纷纷发言,有的说:“这个 16 元也表示买 4 棵一共便宜的,除以 4 得到的就是每棵便宜的。”有的说:“买 3 棵送 1 棵,便宜的就是送的这 1 棵,也就是 4 棵便宜 16 元,所以 16 除以 4 就是每棵树便宜多少元。”……小杰困惑的表情舒展了,王老师也露出了笑容。

问题:

(1)结合材料,评析王老师解决小杰困惑的教学行为。

(2)简述教学过程中开发和利用学生资源的基本要求。

参考答案及解析

一、单项选择题

1. A [解析]本题考查教学原则。直观性原则是指在教学活动中，教师应尽量利用学生的多种感官和已有的经验，通过各种形式的感知，使学生获得生动的表象，从而比较全面、深刻地掌握知识。教师展示圆形图片、硬币，让学生看一看、摸一摸，有助于学生获得关于圆的生动表象，进而全面深刻地掌握知识，这体现的是直观性原则。

2. D [解析]本题考查教学原则。因材施教原则是指教师在教学活动中根据学生的个别差异，有的放矢地进行有差别的教学，使每个学生都能扬长避短，获得最佳的发展。题干中李老师针对不同水平的学生设置不同的作业，说明其注意到了学生的差异，遵循了因材施教原则。

3. C [解析]本题考查教学方法。演示法是指教师通过展示实物、直观教具，进行示范性的实验或采取现代化视听手段等，指导学生获得知识或巩固知识的方法。题干中张老师通过展示大量的图片，加强了教学的直观性，这是对演示法的运用。

4. A [解析]本题考查教学方法。练习法是学生在教师指导下运用知识去反复完成一定的操作，或解决某类作业与习题，以加深理解和形成技能技巧的方法。题干中教师让学生有感情地反复朗读课文是对练习法的运用。

5. C [解析]本题考查教学原则。“君子之教，喻也”的意思是：有经验有修养的教师，总是善于运用启发诱导的方法。这体现了启发性教学原则。

6. A [解析]本题考查教学方法。实验法是指教师引导学生使用一定的仪器和设备，进行独立操作，以引起某些事物和现象产生变化，从而使学生获得直接经验，培养学生技能和技巧的教学方法。老师让学生分组进行实验，理解二氧化碳不支持燃烧这一知识，运用的就是实验法。

7. D [解析]本题考查教学原则。因材施教原则是指教师从学生的实际情况、个别差异出发，有的放矢地进行有差别的教学，使每个学生都能扬长避短，获得最佳的发展。题干中老师在课堂上有意让学习成绩较差的同学回答一个简单的问题，是根据成绩较差同学的情况进行有差别的教学，遵循了因材施教原则。

8. B [解析]本题考查教学原则。直观性原则是指在教学活动中，教师应尽量利用学生的多种感官和已有的经验，通过各种形式的感知，使学生获得生动的表象，从而比较全面、深刻地掌握知识。张老师通过对钟表模型的操作，帮助学生理解相关的概念，这体现的是直观性原则。

9. B [解析]本题考查教学方法。“秧田型”排列法是最常见的座位摆放方法。这种座位模式是传统教室的排列形式，是封闭性的。学生与学生前额对后脑，左肩邻右肩，一致面向教师和黑板。它的目的在于让众多学生把注意力集中在教师身上，专心听讲，做笔记，适合于集体讲授。

10. A [解析]本题考查教学原则。"不积跬步，无以至千里；不积小流，无以成江海"的意思是：没有一小步一小步的积累，就不能到达千里之外；没有小河流的汇聚，就形成不了大江大海。这句话告诉我们学习是一个不断积累的过程，它体现的是循序渐进的教学原则。

11. D [解析]本题考查教学原则。科学性和思想性（教育性）相统一的原则是指教学要以马克思主义为指导，授予学生科学知识，并结合知识教学对学生进行社会主义品德和正确人生观、科学世界观教育。题干中的曹老师通过介绍祖冲之的卓越贡献，让同学们感到自豪，显示了曹老师在讲授知识的同时，注重思想教育，遵循了科学性与思想性相统一的教学原则。

二、材料分析题

12. [参考答案]（1）材料中王老师的教学行为是正确的，是值得提倡的。

①启发性原则是指在教学活动中，教师要调动学生的主动性和积极性，引导他们通过独立思考、积极探索，生动活泼地学习，自觉地掌握科学知识，提高分析问题和解决问题的能力。材料中王老师在教学过程中注意调动学生的学习主动性，在学生产生疑惑时，组织同学讨论，从而帮助学生解决了疑惑，这就是一个引导学生独立思考，积极探索，生动活泼地学习的过程，体现了启发性教学原则。

②在教学关系上，新课程强调帮助、引导。教师应该是学生学习的促进者。材料中王老师在教学过程中，一步步引导学生自己发现问题并解决问题，这体现了教师在学生学习过程中的促进作用。

③以"学生为本"是"以人为本"的理念在学校教育中的具体体现，也是教育的价值追求所在。它强调了学生的主体地位，要求教师尊重学生，关爱学生，充分发挥学生的主动性，为学生提供适合的教育。材料中王老师在教学过程中充分尊重学生，以学生为本，并在学生产生疑惑的时候，调整教学思路，引导学生通过讨论自己解决疑惑，体现了"以人为本"的教育理念。

（2）学生资源是指在课堂教学中源于学生的，包括学生已有的知识、生活经验、情感、动作等，通过师生互动而产生的，有利于教学的资源。教学过程中开发和利用学生资源的基本要求：①合理选择；②学生自愿；③利用适度；④创设机会；⑤因地制宜；⑥导有目的；⑦及时调控；⑧社区参与；⑨了解学生；⑩尊重学生。

教学实施(三)

今日目标

1. 掌握教学组织形式的概念和班级授课制的相关内容。

2. 了解个别教学与现场教学。

3. 掌握复式教学、分组教学、道尔顿制和特朗普制。

4. 掌握新型教学组织形式。

5. 掌握小学课程教学的基本环节。

6. 掌握课堂教学导入的类型。

7. 理解小学课堂教学情境的创设。

专题一 教学组织形式

考点 1 教学组织形式的概念 【单选】

教学组织形式是指教学活动中教师与学生为实现教学目标所采用的社会结合方式。在教学史上先后出现的影响较大的教学组织形式有个别教学制、班级授课制、分组教学和道尔顿制等。其中,个别教学制是古代学校的主要教学形式。

考点 2 班级授课制 【单选】

课堂教学的主要形式是班级授课制。它是把学生按年龄和文化程度分成固定人数的班级,教师根据课程计划和规定的时间表进行教学的一种组织形式。

1632 年,捷克教育家夸美纽斯出版的《大教学论》最早从理论上对班级授课制做了阐述,为班级授课制奠定了理论基础。

班级授课制的基本特点:(1)以班为单位集体授课,学生人数固定;(2)按课教学;(3)按时授课。

班级授课制的优点:(1)有利于经济有效地大面积培养人才,提高教学效率;(2)有利于学生获得系统的科学知识;(3)有利于发挥教师的主导作用;(4)有利于发挥学生集体的教育作用;(5)有利于学生德、智、体多方面的发展;(6)有利于进行教学管理和教学检查。

班级授课制的不足:(1)不利于学生主体性的发挥;(2)不利于培养学生的探索精神、创造能力和实际操作能力;(3)不能很好地适应教学内容和教学方法的多样化;(4)不利于因材施教,难以满足学生个性化的学习需要;(5)不利于学生之间真正的交流和启发;(6)以"课"为基本的教学活动单位,某些情况下会割裂内容的整体性。

考点 3 个别教学与现场教学

个别教学是教师针对不同学生的情况进行个别辅导的教学组织形式。它是班级授课制的一种辅助形式。

现场教学是指教师把学生带到事物发生、发展的现场进行教学活动的形式。它可以以班级为单位,也可以以小组或个人为单位,通常需要有关现场人员的参加。

考点 4 复式教学 【单选】

复式教学是把两个或两个以上不同年级的学生编在一个教室里,由一位教师分别用不同的教材,在一节课里对不同年级的学生进行教学的一种特殊组织形式。它适用于学生少、教师少、校舍和教学设备较差的农村以及偏远地区。

考点 5 分组教学 【单选】

分组教学是指在按年龄编班或取消按年龄编班的基础上,根据学生能力、成绩分组进行编班的教学组织形式。分组教学的类型见下表:

类型	内涵
外部分组	取消按年龄编班,按学生的能力或某些测验成绩编班
内部分组	在按年龄编班的班级内,再根据学生的成绩将他们分成若干个不同的小组
能力分组	是根据学生的能力发展水平来进行分组教学的,各组课程相同,学习年限则不同
作业分组	是根据学生的特点和意愿来进行分组教学的,各组学习年限相同,课程则不同

分组教学的优点:(1)分组教学比班级上课更适应学生个人的水平和特点,便于因材施教,有利于人才的培养;(2)便于学生的交流合作;(3)有助于学生组织能力、管理能力、表达能力以及问题解决能力的培养;(4)有利于学生在与小组成员的竞争与合作中,强化自己的学习动机。

考点 6 道尔顿制和特朗普制 【单选】

	道尔顿制	特朗普制
创建者	美国教育家柏克赫斯特	美国教育家劳伊德·特朗普
主要内容	◇废除教师面向全体学生的课堂讲授,废除课程表和年级制,代之以教师辅导学生按"公约"个别自学 ◇优点:有利于调动学生学习的主动性,培养他们的学习能力和创造才能 ◇缺点:不利于系统知识的掌握,对教学设施和条件要求较高	◇把大班上课、小组讨论、个人自学结合在一起,以灵活的时间单位代替固定统一的上课时间 ◇既有班级授课制的优点,也有个别教学的长处,但管理起来比较麻烦

考点 7 新型教学组织形式 【单选】

新型教学组织形式	内涵
翻转课堂	在信息化环境中,课程教师提供以教学视频为主要形式的学习资源,学生在上课前完成对教学视频等学习资源的观看和学习,师生在课堂上一起完成作业答疑、协作探究和互动交流等活动的一种新型的教学模式
微课	以视频为主要载体,记录教师在课堂内外教育教学过程中,围绕某个知识点(重点、难点、疑点)或教学环节而开展的精彩的教与学活动的全过程。时长一般为5~8分钟左右
慕课	大规模开放在线课程。主要特点有:大规模的,不是个人发布的一两门课程;开放课程,尊崇创用共享(CC)协议;网络课程,不是面对面的课程
开放课堂	教师不再分科系地按照教材传授知识,而是为学生创造学习环境,由学生根据自己的兴趣在教室或其他场所自由活动或学习

专题二 小学课堂教学的基本环节

考点 8 备课 【单选】

备课就是教师根据学科课程标准的要求和本门课程的特点,结合学生的具体情况,选择最合适的表达方法和顺序，以保证学生有效地学习。备好课是教好课的前提。

教师备课要做好三方面的工作，即钻研教材、了解学生、设计教法，也即备教材、备学生、备教法。

教师备课要写好三种计划：学年（或学期）教学计划、课题（或单元）计划、课时计划（教案）。

考点 9 上课

上课是整个教学工作的中心环节，是教师教和学生学的最直接体现，是提高教学质量的关键。课的类型见下表：

分类依据	种类
教学的任务	新授课、巩固课、技能课和检查课
一节课所完成任务的类型数	单一课和综合课
使用的主要教学方法	讲授课、演示课、练习课、实验课和复习课

构成课的基本组成部分有组织教学、检查复习、讲授新教材、巩固新教材、布置课外作业等。讲授新教材是一节课的核心环节。

上好课的基本要求：(1)教学目标明确；(2)教学内容准确；(3)教学结构合理；(4)教学方法适当；(5)讲究教学艺术；(6)板书有序；(7)充分发挥学生的主体性（最根本的要求）。

考点 10 作业的布置与批改 【材料分析】

作业的布置与批改是课堂教学的继续。

1. 作业的形式

(1)阅读作业，如复习、预习教科书，阅读人文和科学读物。

(2)口头作业，如口头回答、朗读、复述、背诵。

(3)书面作业，如演算习题、作文、绘图。

(4)实践作业，如观察、实验、测量、社会调查等。

2. 布置作业的要求

(1)布置作业要有目的、有重点，作业内容符合课程标准的要求。

(2)考虑不同学生的能力需求。

(3)分量适宜、难易适度。

(4)作业形式与内容要多样化，具有多选性，难度要逐步提高。

(5)要求明确,规定作业完成时间。

(6)作业反馈清晰、及时。

(7)作业要具有典型意义和举一反三的作用。

(8)作业应有助于启发学生的思维,含有鼓励学生独立探索并进行创造性思维的因素。

(9)尽量同现代生产和社会生活中的实际问题结合起来,力求理论联系实际。

3. 批改作业的要求

(1)教师应及时检查和批改作业,使学生养成按时完成作业的良好习惯。

(2)教师要注意发现学生在知识、技能方面出现的错误和存在的漏洞。

(3)教师要仔细评定、给出成绩,写上简短评语,对学生的学习提出明确要求。

(4)教师要及时将作业情况反馈给学生,纠正学生作业中的错误并指出原因。

(5)对大多数学生作业中经常出现的错误,教师要找机会进行辅导,重点讲解和纠正。

考点11 课外辅导

课外辅导是指教师在课堂教学以外的时间,帮助和指导学生的学习活动。课外辅导是上课的必要补充,是适应学生个别差异,贯彻因材施教的重要措施。其形式一般有个别辅导、小组辅导和集体辅导三种。

考点12 学业成绩的检查与评定

1. 学业成绩检查的方式

检查方式	具体内容
平时考查	口头提问、检查书面作业和单元测验等
考试	一般有学期考试、学年考试和毕业考试等,考试的方式包括口试、笔试和具体实践性考试等

2. 学业成绩评价的方法

常见的学生学业成绩评价的方法有测验法、观察法、调查法、自我评价法。其中,测验法是学生学业成绩评价的基本方法。测验有口试、笔试、操作测验等多种具体方法,其中,笔试是考核、测定学生成绩的基本方法。

衡量测验题目的质量指标主要有效度、信度、难度和区分度。

质量指标	内涵
效度	测量的正确性，即一个测验能够测量出其所要测量的东西的程度
信度	测验结果的稳定性或可靠性，即某一测验在多次施测后所得到的分数的稳定、一致程度
难度	测验包含的试题难易程度
区分度	也称鉴别力，主要指测验对于不同水平的被试加以区分的能力

专题三　小学课堂教学导入

考点13 课堂教学导入的概念和作用

教学导入是指在上课之初，教师利用几分钟的时间，运用简洁的言语或行为，将学生的注意力吸引到特定的教学任务和程序之中的引导性教学行为。

教学导入的作用：引起注意、激发动机、渗透主题、带入情境。

考点14 课堂教学导入的类型 【单选、材料分析】

类型	主要内容
直接导入	◇指上课伊始，教师开宗明义，直接点题，讲明这节课需要学习的内容和要求，从而引起学生注意 ◇简明扼要、直奔主题，能使学生很快进入学习状态，但不易引起学生的学习兴趣
经验导入	◇通过建立学生已有经验与新知识之间的联系，进而引发学生学习动机、形成学习氛围 ◇既能引发学生学习兴趣，又可降低学习新知识的难度，增强学生学习的自信心
故事导入	◇教师通过讲解与所要学习内容有关的故事、趣事，进而引发学生学习动机 ◇要注意：选择的故事一方面要短小精悍、生动有趣；另一方面，故事内容要与新授教学内容有内在联系，并对新课学习富有启发性
直观导入	◇借助于实物、标本、挂图等直观教具，以及投影、录像等媒体或示范性实验，对与教学内容相关的信息进行演示，并引导学生通过观察产生疑问，进行思考，从而自然进入新课学习 ◇采取直观的形式，可以帮助学生由具体形象思维向抽象思维过渡
设疑导入	◇即悬念导入，通过设置悬念、提出问题，进而激发学生兴趣，调动学生思维 ◇巧设悬念，精心设疑，使学生产生强烈的学习热情

续表

类型	主要内容
活动导入	◇通过组织学生讨论、操作、游戏等活动，进而调动学生学习积极性 ◇不仅能提高学生的参与度，还对学生的主体意识的培养具有重要意义

考点15 课堂教学导入设计的一般原则

(1)紧扣学习目标和内容重点。

(2)从学生的实际出发，符合学生的认知要求。

(3)从课型需要入手，凸显教学导入的针对性与有效性。

(4)用语要短小精悍，活动组织要任务明确、步骤清晰、事项清楚。

(5)形式要新颖多样。

考点16 小学课堂教学情境的创设

1. 课堂教学情境创设的概念

课堂教学情境创设是教师在课堂教学中，根据教学内容、教学目标、学生的认知水平和心理特征，顺利、灵活、有效地创造具体、生动、形象的能够有效地激发学生的学习兴趣，促使学生迅速准确地感知、理解、运用教学内容的教学情境，让学生在具体情境连续不断的启发下，有效地进行学习的教学活动方式。

2. 课堂教学情境创设的方法

(1)实验法；(2)演示法；(3)表演法；(4)游戏法；(5)故事法；(6)比喻法；(7)形象渲染法；(8)介绍困惑材料法；(9)提问法；(10)有意错误法；(11)生动讲述法。

真题检测

单项选择题

1. [2020下半年]在某些偏远地区的小学，将不同年级的学生编在一个班里，教师在同一节课里以直接授课和完成作业等交替进行的方式对不同年级的学生施教。这种教学组织形式属于(　　)

A. 个别教学　　B. 课堂教学　　C. 混合教学　　D. 复式教学

2. [2020下半年]教师布置的作业应让学生“跳一跳，够得着”。这体现的作业设计基本要求是(　　)

A. 形式多样　　B. 难度适宜　　C. 尊重差异　　D. 注重创新

3.［2020 下半年］王老师在《两小儿辩日》教学开始时说道："孔子是我国古代学识渊博的大教育家，有一次却被两个小孩子提出的问题难住了，为什么呢？学习了这篇课文后，你们就知道了。"这种导入方式属于（　　）

A. 设疑导入　　B. 直接导入　　C. 经验导入　　D. 活动导入

4.［2019 下半年］为了让学生认识常见的交通标志，遵守交通规则，教师组织学生到学校附近的路口进行观察，这种教学组织形式属于（　　）

A. 复式教学　　B. 现场教学　　C. 个别教学　　D. 课堂教学

5.［2018 下半年］教师不是分学科进行系统的知识传授，而是为学生创设学习环境，由学生根据自己的兴趣在教室或其他场所自由学习。这样的教学形式属于（　　）

A. 在线课堂　　B. 网络课堂　　C. 开放课堂　　D. 翻转课堂

6.［2018 下半年］在《金色的鱼钩》教学开始时，张老师说："同学们，前面我们通过学习《七律·长征》一诗，领略了红军长征的非凡气概，今天我们再来感受一下红军过草地的艰难困苦"，这种导课方式属于（　　）

A. 设疑导入　　B. 温故导入　　C. 情境导入　　D. 故事导入

7.［2017 下半年］班级授课制是现代学校普遍采用的教学组织形式，但也存在一定的局限性，主要表现为不利于（　　）

A. 系统的知识传授　　B. 因材施教

C. 发挥教师主导作用　　D. 教学管理

8.［2017 上半年］能让学生充分交流互动并有利于发挥其主体作用的教学组织形式是（　　）

A. 道尔顿制　　B. 个别教学　　C. 分组教学　　D. 文纳特卡制

参考答案及解析

单项选择题

1. D　**[解析]** 本题考查复式教学的相关内容。复式教学是把两个或两个以上不同年级的学生编在一个教室里，由一位教师分别用不同的教材，在一节课里对不同年级的学生进行教学的一种特殊组织形式。它适用于学生少、教师少、校舍和教学设备较差的农村以及偏远地区。题干所述体现了复式教学的内涵，故本题选 D。

2. B　**[解析]** 本题考查布置作业的要求。作业布置要难度适宜。作业偏难，学生无从下手，会导致积极性下降；作业偏易，降低了教学的要求，会影响学生对知识的掌握。所以教师布置作业时应让学生“跳一跳，够得着”，控制好作业的难度，才能更好地促进学生的学习。

3. A ［**解析**］本题考查课堂教学导入的类型。设疑导入是通过设置悬念、提出问题，进而激发学生兴趣，调动学生思维的一类教学导入形式。题干中王老师抛出一个问题进而导入新课，正是对设疑导入的运用。

4. B ［**解析**］本题考查教学组织形式。现场教学是指教师把学生带到事物发生、发展的现场进行教学活动的形式。题干中教师组织学生到学校附近的路口观察是现场教学的体现。

5. C ［**解析**］本题考查新型教学组织形式。开放课堂又称开放教学。其特点是教师不再分科系地按照教材传授知识，而是为学生创造学习环境，由学生根据自己的兴趣在教室或其他场所自由活动或学习。题干所述的教学形式是开放课堂。

6. B ［**解析**］本题考查课堂教学导入的类型。温故导入是指教师通过帮助学生复习与将要学习的新知识有关的旧知识，从中找到新旧知识联系的节点，合乎逻辑、顺理成章地引导学生学习新知识的一种导入方法。先回顾《七律·长征》的相关知识，再开始学习《金色的鱼钩》，属于温故导入。

7. B ［**解析**］本题考查班级授课制。班级授课制是课堂教学的主要形式。它是把学生按年龄和文化程度分成固定人数的班级，教师根据课程计划和规定的时间表进行教学的一种组织形式。班级授课制不利于因材施教，难以满足学生个性化的学习需要。

8. C ［**解析**］本题考查常见的教学组织形式。分组教学的优点有：(1)分组教学比班级上课更适应学生个人的水平和特点，便于因材施教，有利于人才的培养；(2)便于学生的交流合作；(3)有助于学生组织能力、管理能力、表达能力以及问题解决能力的培养；(4)有利于学生在与小组成员的竞争与合作中，强化自己的学习动机。

Day 16

教学实施(四)

今日目标

1. 了解课堂管理的相关内容。

2. 掌握教学评价的基本类型和延迟评价。

3. 了解教学评价的功能和方法。

4. 了解教学反思的相关内容。

专题一　课堂管理

考点 1　课堂管理的概念

课堂管理作为一种协调和控制的过程，是指教师通过协调课堂内的各种人际关系而有效地实现预定教学目标的过程。课堂管理的主体是教师，管理的环境是课堂，管理的客体是各种人际关系。课堂管理的实质是师生在课堂中相互作用的过程。

考点 2　课堂情境结构

学生、学习过程和学习情境是课堂的三大要素，这三大要素相对稳定的组合模式就是课堂结构。

课堂结构包括课堂情境结构和课堂教学结构。其中，课堂情境结构主要包括：(1)班级规模的控制。一般而言，班级规模越大，学生的平均成绩越差。(2)课堂常规的建立。(3)学生座位的分配。在分配学生座位时，最值得教师关注的应该是座位对人际关系的影响。

考点 3　维持课堂纪律的策略

(1)建立有效的课堂规则。

(2)合理组织课堂教学。

(3)做好课堂监控。

(4)培养学生的自律品质。

考点 4 课堂问题行为的概念与特征

课堂问题行为是指学生在课堂中发生的违反课堂规则、妨碍及破坏课堂教学活动正常进行的行为。这样的行为不仅影响学生的学习，而且常常引起课堂纪律问题，影响教学质量。

课堂问题行为的基本特征为：消极性、普遍性、其程度以轻度为主。

考点 5 课堂问题行为产生的原因及应对措施

1. 课堂问题行为产生的原因

(1)学生的人格特点、生理因素、挫折经历。

(2)教师的教学技能、管理方式、威信。

(3)校内外的环境，如大众传媒、家庭环境、课堂座位编排。

2. 课堂问题行为的应对措施

(1)运用积极的言语和非言语手段调控。

(2)合理运用惩罚。

(3)对学生进行心理辅导。

(4)引导学生参与活动，不给学生违纪的时间。

考点 6 罗森塔尔效应 【单选】

教师的期望或明或暗地传送给学生，会使学生按照教师所期望的方向来塑造自己的行为，这就是教师期望的预言效应，又称“罗森塔尔效应”或“皮格马利翁效应”。

专题二 教学评价

考点 7 教学评价的基本类型 【单选】

划分依据	类型	主要内容
教学评价的作用	诊断性评价	在学期开始或一个单元教学开始时，为了了解学生的学习准备状况及影响学习的因素而进行的评价。包括各种摸底考试
	形成性评价	在教学过程中为改进和完善教学活动而进行的对学生学习过程及结果的评价。它包括在一节课或一个课题的教学中对学生的口头提问和书面测验
	总结性评价	也称为终结性评价，是在一个大的学习阶段、一个学期或一门课程结束时对学生学习结果的评价。常在学期中或学期末进行

续表

划分依据	类型	主要内容
评价采用的标准	相对性评价	又称为常模参照性评价,是运用常模参照性测验对学生的学习成绩进行的评价,它主要依据学生个人的学习成绩在该班学生成绩序列或常模中所处的位置来评价和决定他的成绩的优劣,而不考虑是否达到教学目标的要求 优点:甄选性强 缺点:不能明确表示学生的真正水平
	绝对性评价	又称为目标参照性评价(标准参照评价),是运用目标参照性测验对学生的学习成绩进行的评价。它主要依据教学目标和教材编制试题来测量学生的学业成绩,判断学生是否达到了教学目标的要求,而不以评定学生之间的差异为目的 优点:可衡量学生实际水平 缺点:不适用于甄选人才
	个体内差异评价	对被评价者的过去和现在进行比较,或将评价对象的不同方面进行比较 优点:充分体现了尊重个体差异的因材施教原则 缺点:不易给评价对象提供明确目标
评价主体	内部评价	也就是自我评价,指由课程设计者或使用者自己实施的评价 优点:有较高的准确性,有利于及时自我反馈、调节 缺点:主观性大,容易出现评价偏高或偏低的趋向
	外部评价	被评价者之外的专业人员对评价对象进行明显的统计分析或文字描述 优点:更为客观真实,更容易看到成绩与问题所在 缺点:要求比较严格,组织工作比较难,花费的人力、财力也比较多

考点 8 延迟评价 【单选】

延迟评价是指在平时学习过程中,对尚未达到目标要求的学生,可暂时不给明确的评价结果,给学生更多的机会,当取得较好的成绩时再给予评价,以保护学生学习的积极性。

温馨提示

教学评价的类型是易考点,多以客观题的形式出现,考生需加以区分并准确掌握。

考点 9 教学评价的功能

功能	内涵
导向功能	通过建立某种评价指标和标准,实现教学目标的要求
诊断功能	对教学结果及其成因进行分析,借此了解情况,从而判断它的成效和缺陷、矛盾和问题
激励功能	经常进行记录成绩的测验对学生的学习动机具有很大的鼓舞作用
调节功能	提供有关教学活动的反馈信息,从而调节教与学的活动
教学功能	能够使学生的知识技能获得长进,甚至产生质的飞跃
发展功能	关注学生的发展、促进学生的发展
管理功能	教育管理部门和教育机构都会把教学评价的结果当作对教师和学生进行有效分流的根据之一,并据此调整学校教育发展的布局、方向和改进教育教学活动

考点 10 教学评价的方法

评价技术	内涵
测验评价	运用口试、笔试、操作测验等多种具体方法,对学生的学业成绩进行评价,包括标准化成就测验、教师自编测验
非测验评价	情感领域的教学评价需要采用非纸笔测验,包括案卷分析、观察评价、情感评价三种方法

标准化成就测验是指由专家或学者们所编制的适用于大规模范围内评定个体学业成就水平的测验;教师自编测验是由教师根据具体的教学目标、教材内容和测验目的自己编制的测验,是为特定的教学服务的。

专题三 教学反思

考点 11 教学反思的类型

分类依据	反思的时间			反思的对象		反思者的人数	
类型	教学前反思	教学中反思	教学后反思	纵向反思	横向反思	个体反思	群体反思

考点12 教学反思的基本内容

(1)反思自己的教学是否真正达到了教学目标(反思教学目标)。

(2)总结精彩片段,思考失败之处,反思教学技能(反思教学得失)。

(3)反思自己的教育教学行为是否对学生造成伤害。

(4)反思教育教学是否让不同的学生在学习上得到了不同的发展。

(5)反思是否侵犯了学生的权利。

(6)反思自己的教育教学观念(反思教学理念)。

(7)反思自己的专业知识。

考点13 教学反思的方法

方法	内涵
行动研究法	教师与教育理论工作者或其他成员共同去研究本校本班级教育教学中的实际情况,解决日常教育教学中出现的问题,从而不断改进教育教学工作的一种研究方法
自我提问法	教师对自己的教学进行自我观察、自我监控、自我调节、自我评价后提出的一系列问题,以促进自身反思能力提高的方法,适用于教学的全过程
教学诊断法	教师可以通过自我反省法和小组"头脑风暴",收集各种教学"病例",然后归类分析,找出典型"病例",并对其进行分析,重点讨论影响教学有效性的各种教学观念,最后提出解决问题的对策
比较法	教师应多观察其他教师的课,并与他们进行对话交流,在观察、对比、反思、修正的过程中使自己的教学更合理,通过学习比较,找出理念上的差距,方法上的差异,从他人的教学中得到启发,从而提升自己
阅读新知法	教师采取各种手段搜集所要解决问题的信息,通过阅读相关的信息获取新的想法和观念,为自己所要解决的问题提供新的解释、见解和可能的新方案

考点14 教学反思的作用

(1)教学反思有利于教案的改进。

(2)教学反思为撰写教学研究、论文提供丰富的素材。

(3)教学反思对教师专业发展的作用:①反思使经验(和教训)变成教学智慧,从发生的事件中得到启发。②反思能帮助自己找到问题的解决方法。③反思使自己学会教学。④反思促进教师成长。

真题检测

单项选择题

1. [2020 下半年]在教学过程中，学生得到教师的关注、赏识与期望后，常常表现出更积极的学习行为，这种心理效应是(　　)

A. 蝴蝶效应　　B. 鲶鱼效应　　C. 马太效应　　D. 罗森塔尔效应

2. [2019 下半年]为了保护学生学习的积极性，老师在批改学生作业时，对做错的题目暂不打"×"，做对后再打"√"，这种评价属于(　　)

A. 延迟评价　　B. 绝对评价　　C. 相对评价　　D. 个体内差异评价

3. [2018 下半年]小明数学考试经常得不到高分，但数学老师从小明较好的计算能力、图形感知能力、逻辑推理能力等方面分析，认为小明具有较强的数学学习潜力。这种评价属于(　　)

A. 相对性评价　　B. 绝对性评价　　C. 诊断性评价　　D. 个体内差异评价

4. [2017 上半年]教师通过听写英语单词，了解学生的掌握情况。这种评价方式属于(　　)

A. 测验评价　　B. 量表评价　　C. 实作评价　　D. 档案袋评价

5. [2016 上半年]新学期第一堂体育课，张老师对学生进行体能测试，以作为分组教学的依据。这种教学评价属于(　　)

A. 过程性评价　　B. 总结性评价　　C. 诊断性评价　　D. 个体内差异评价

6. [2015 下半年]以评价对象自身的状况作为参照标准，对其在不同时期的进步程度进行评定。这种评价属于(　　)

A. 绝对评价　　B. 相对评价　　C. 总结性评价　　D. 个体内差异评价

参考答案及解析

单项选择题

1. D　[解析]本题考查罗森塔尔效应的内涵。罗森塔尔效应又叫"皮格马利翁效应"，是指教师的期望或明或暗地传送给学生，会使学生按照教师所期望的方向来塑造自己的行为。因此，题干所述体现了罗森塔尔效应的内涵。

2. A　[解析]本题考查教学评价。延迟评价是指在平时学习过程中，对尚未达到目标要求的学生,可暂时不给明确的评价结果,给学生更多的机会,当取得较好的成绩时再给予评价,以保护学生学习的积极性。题干中,老师批改学生作业的方式属于延迟评价。

3. D　[解析]本题考查教学评价的基本类型。个体内差异评价是对被评价者的过去和现在进行比较,或将评价对象的不同方面进行比较。题干中数学老师通过对小明计算能力、图形感知能力等多方面的分析,判断小明具有较强的数学学习潜力,是对同一评价对象的不同方面进行的评价,属于个体内差异评价。

4. A　[解析]本题考查教学评价的方法。测验评价是指运用口试、笔试、操作测验等多种具体方法,对学生的学业成绩进行评价。它是主要侧重于评定学生在学科知识方面学习成就高低或在认知能力方面发展强弱的一种评价方式。常见的测验评价形式包括标准化成就测验、教师自编测验等。题干中教师通过听写测验来了解学生对单词的掌握情况,属于教师自编测验。

5. C　[解析]本题考查教学评价的基本类型。诊断性评价是在学期开始或一个单元教学开始时,为了了解学生的学习准备状况及影响学习的因素而进行的评价。诊断性评价的主要功能:(1)检查学生的学习准备程度;(2)决定对学生的适当安置;(3)辨别造成学生学习困难的原因。题干中张老师在新学期的第一堂课对学生进行体能测试,以作为分组教学的依据,这体现了诊断性评价的特点。

6. D　[解析]本题考查教学评价的基本类型。个体内差异评价是对被评价者的过去和现在进行比较,或将评价对象的不同方面进行比较。题干中将评价对象在不同时期的进步程度进行对比,属于个体内差异评价。

第二阶段　整合提升

（本阶段共5天）

整合提升内容导学

1. 重点点拨与名家集萃
2. 易错易混点
3. 简答题常考点
4. 材料分析题常考点
5. 教学设计题常考点

科学表明，如果一个行为或动作能坚持21天，它就会变成一个习惯。好的习惯能让自己受益终身，加油，愿你成为更优秀的自己。

重点点拨与名家集萃

重点点拨

关键词	内容点拨
生物起源说	认为教育是一种生物现象,起源于动物界中各类动物的生存本能活动,这是第一个正式提出的有关教育起源的学说
《学记》	教学相长;尊师重道;藏息相辅;豫时孙摩;启发诱导;长善救失
教育与社会发展	教育的政治功能、经济功能、科技功能和文化功能
学制	规定了各级各类学校的性质、任务、要求、入学条件、修业年限及它们之间的相互关系
旧中国的学制沿革	◇壬寅学制—国家最早颁布,但未实行 ◇癸卯学制—实行新学制的开端 ◇壬子癸丑学制—具有资本主义性质,规定了男女同校,废除读经 ◇壬戌学制—以美国学制为蓝本,又称"新学制"或"六三三学制"
课程类型	学科课程和活动课程;分科课程和综合课程;必修课程和选修课程;基础型课程、拓展型课程和研究型课程;国家课程、地方课程和校本课程;显性课程和隐性课程
综合实践活动	新的基础教育课程体系中设置的必修课程
课程内容的组织形式	直线式与螺旋式;纵向组织与横向组织;逻辑顺序与心理顺序
三维课程目标	知识与技能;过程与方法;情感态度与价值观
小学教育科学研究的基本方法	历史研究法;个案研究法;教育观察法;教育调查法;教育实验法;行动研究法;叙事研究法
教师劳动的特点	复杂性和创造性;连续性和广延性;长期性和间接性;主体性和示范性
社会刻板效应	对一类事物或人物的一种比较固定、概括而笼统的看法
晕轮效应(光环效应)	当我们认为某人具有某种特征时,就会对他的其他特征做相似判断
知觉的基本特性	选择性;理解性;整体性;恒常性
注意的分类	无意注意;有意注意;有意后注意
注意的品质	注意的稳定性;注意的广度;注意的分配;注意的转移
思维的间接性	指思维活动不直接反映作用于感觉器官的事物,而是借助一定的媒介和一定的知识经验对客观事物进行间接的认识

续表

关键词	内容点拨
思维的品质	敏捷性;灵活性;深刻性;独创性
最近发展区	最近发展区是儿童在有指导的情况下,借助成人的帮助所能达到的解决问题的水平与独自解决问题所达到的水平之间的差异,实际上是两个邻近发展阶段间的过渡状态
负强化	是通过消除或中止厌恶、不愉快刺激来增强反应频率
泛化	机体对与条件刺激相似的刺激做出条件反应
有意义学习的条件	客观条件:指受学习材料本身性质的影响;主观条件:指受学习者自身因素的影响
认知策略	复述策略;精加工策略;组织策略
品德的心理结构	道德认知;道德情感;道德意志;道德行为
科尔伯格品德发展阶段理论	前习俗水平;习俗水平;后习俗水平
小学德育的方法	说服教育法;榜样示范法;陶冶教育法;实际锻炼法;品德修养指导法;品德评价法
行为疗法	强化法;代币奖励法;行为塑造法;示范法;处罚法;自我控制法;系统脱敏法;肯定性训练;放松训练
认知疗法	理性—情绪疗法(RET)
课外活动的内容	社会实践活动;学科活动;科技活动;文学艺术活动;体育活动;社会公益活动;课外阅读活动;主题活动
家校协调的常用方式	家访、班级家长会、家长学校、家长沙龙、家长委员会
教学原则	思想性和科学性相统一原则;理论联系实际原则;直观性原则;启发性原则;循序渐进原则;巩固性原则;因材施教原则;量力性原则
教学方法	◇以语言传递为主的教学方法:讲授法;谈话法;讨论法;读书指导法 ◇以直观感知为主的教学方法:演示法;参观法 ◇以实际训练为主的教学方法:练习法;实验法;实习作业法;实践活动法 ◇以引导探究为主的教学方法:发现法 ◇以情感陶冶为主的教学方法:欣赏教学法;情境教学法
教师备课	备教材;备学生;备教法

续表

关键词	内容点拨
课堂教学导入的类型	直接导入;经验导入;故事导入;直观导入;设疑导入;活动导入;温故导入
动机斗争的种类	双趋冲突;双避冲突;趋避冲突;多重趋避冲突
成败归因理论	内部归因和外部归因;稳定性归因和非稳定性归因;可控制归因和不可控制归因
习得性无助	指由于连续的失败体验而导致个体产生的对行为结果感到无力控制、无能为力的心理状态
变式	所谓变式,就是变换使用不同形式的直观材料或事例说明事物的属性,使本质属性保持不变而非本质属性或有或无,以便突出本质属性
过度学习	过度学习是指学习达到恰能背诵之后再继续学习。实验证明,过度学习达到50%,即学习的熟练程度达到150%时,学习的效果最好
高原现象	学生在学习过程中出现一段时间的学习成绩和学习效率停滞不前,甚至学过的知识感觉模糊的现象

名家集萃

作者	代表作品	思想理论/主要成就
孔子	《论语》(其弟子整理)	核心是“仁”和“礼”
苏格拉底	—	产婆术
柏拉图	《理想国》	国家主义教育思想
亚里士多德	《政治学》	在教育史上首次提出了“教育遵循自然”的观点
昆体良	《雄辩术原理》	班级授课制思想的萌芽
夸美纽斯	《大教学论》	◇提出了“泛智”教育 ◇教育适应自然 ◇提出并全面论述了班级授课制 ◇提出并论证了直观性、系统性、量力性、巩固性和自觉性等教学原则
卢梭	《爱弥儿》	◇第一个“发现儿童”的人 ◇秉承“性善论”,认为教育的任务应该使儿童“归于自然”,这是其自然主义教育的核心

续表

作者	代表作品	思想理论/主要成就
康德	《康德论教育》	◇认为“人是唯一需要教育的动物” ◇最早在大学开设教育学讲座的有影响的学者之一
裴斯泰洛齐	《林哈德与葛笃德》	“教育心理学化”
洛克	《教育漫话》	提出了“白板说”;绅士教育论
赫尔巴特	《普通教育学》	在西方教学史上,赫尔巴特第一次提出了“教育性教学”的概念
杜威	《民主主义与教育》	实用主义教育思想;新三中心论
克鲁普斯卡娅	《国民教育与民主主义教育》	最早以马克思主义为基础探讨教育学问题的著作
凯洛夫	《教育学》	公认的世界上首部马克思主义的教育学著作
蔡元培	《蔡元培教育论著选》	提出“五育并举”的教育方针,主张教育独立
陶行知	《中国教育改造》	生活教育理论
赞可夫	《教学与发展》	发展性教学理论
布鲁纳	《教育过程》	结构主义教学论;认知—发现学习理论
苏霍姆林斯基	《给教师的一百条建议》 《把整个心灵献给孩子》	人的全面和谐发展教育思想
巴班斯基	《教学过程最优化》	教学过程最优化理论
斯宾塞	《什么知识最有价值》	在西方,最早提出“课程”一词
博比特	《课程》	标志着课程作为专门研究领域的诞生
皮亚杰	《发生认识论原理》	认知发展阶段理论;认为儿童道德的发展经历从他律到自律的转化发展过程
维果斯基	《思维与语言》	“内化说”;最近发展区理论
桑代克	《教育心理学》	联结主义学习理论
斯金纳	《教学机器》	行为主义理论
班杜拉	《行为矫正原理》	社会学习理论
奥苏伯尔	《有意义言语学习心理学》	有意义接受学习理论
加德纳	《智力的结构:多元智能理论》	多元智力理论

易错易混点

1. 孔子所提出的教育原则与《学记》中的教育原则

孔子所提出的教育原则与《学记》中的教育原则是容易混淆的知识点，考生需准确辨别识记二者的区别。

孔子所提出的教育原则有：启发诱导；因材施教；学、思、行相结合；温故知新。其中“启发诱导”指的是“不愤不启，不悱不发。举一隅不以三隅反，则不复也”。

《学记》中阐述的教育原则有：教学相长；尊师重道；藏息相辅；豫时孙摩；启发诱导；长善救失；学不躐等。其中“启发诱导”指的是“故君子之教，喻也。道而弗牵，强而弗抑，开而弗达”。

2. 赫尔巴特的“旧三中心”与杜威的“新三中心”

赫尔巴特的“旧三中心”与杜威的“新三中心”是容易混淆的知识点，考生需准确辨别识记二者的区别。

赫尔巴特的“旧三中心”——“课堂中心”“教材中心”“教师中心”。

杜威的“新三中心”——“儿童中心”“活动中心”“经验中心”。

3. 注意的起伏、注意的分散和注意的分配

注意的起伏、注意的分散和注意的分配是考生容易混淆的知识点，考生在记忆的时候注意加以辨别。

注意的起伏强调注意周期性地不随意跳跃，起伏周期比较短；注意的分散强调注意离开当前的任务被无关事物吸引；注意的分配强调有意识地将注意指向不同对象。

4. 思维的灵活性与思维的敏捷性

思维的灵活性与思维的敏捷性是容易混淆的知识点，考生应准确辨别记忆。

思维的灵活性强调“不同角度”“不同方法”；思维的敏捷性强调“迅速”而又“正确”。

5. 讲授法、谈话法及讨论法

讲授法、谈话法及讨论法是考试常考的知识点，同时也是考生在记忆时容易混淆的知识点，考生需要在理解的基础上根据他们之间的差异准确识记。

讲授法强调的是教师口头传授；谈话法强调的是教师与学生相互交谈；讨论法强调的是全体学生共同讨论交流。

6. 融合课程与广域课程

融合课程与广域课程是容易混淆的知识点，考生需准确辨别二者的区别。

融合课程强调相关学科，广域课程侧重于相邻学科。融合课程的范围要小一些，如“生物学”

就是指生物这个领域。而广域课程的范围更广,如“社会研究”是一个非常宽泛的概念。

7. 个体身心发展的一般规律及其教育要求

个体身心发展的一般规律及其教育要求是容易混淆的知识点,考生需准确辨别。

顺序性——要循序渐进,不能“揠苗助长”“陵节而施”。

阶段性——要有针对性,不能“一刀切”。

不平衡性——要把握关键期,适时而教。

互补性——要善于长善救失,扬长避短。

个别差异性——要因材施教。

整体性——要把学生看作复杂的整体。

8. 诊断性评价、形成性评价和总结性评价

诊断性评价、形成性评价和总结性评价是考试中的重要知识点,也是考生容易混淆的知识点,考生需在理解的基础上准确辨别记忆。

诊断性评价——教学前的评价。

形成性评价——教学中的评价。

总结性评价——教学后的评价。

9. 相对性评价、绝对性评价和个体内差异评价

相对性评价、绝对性评价和个体内差异评价是考试中的重要知识点,也是考生容易混淆的知识点,考生需在理解的基础上准确辨别记忆。

相对性评价主要依据学生个人的学习成绩在该班学生成绩序列或常模中所处的位置来评价和决定他的成绩的优劣,而不考虑是否达到教学目标的要求;绝对性评价是运用目标参照性测验对学生的学习成绩进行的评价;个体内差异评价是对被评价者的过去和现在进行比较,或将评价对象的不同方面进行比较。

简答题常考点

1. 简述《小学教师专业标准(试行)》中关于教师专业能力的构成。

[参考答案](1)教育教学设计;(2)组织与实施;(3)激励与评价;(4)沟通与合作;(5)反思与发展。

2.《小学教师专业标准(试行)》中"专业知识"维度包括哪些领域?

[参考答案](1)小学生发展知识;(2)学科知识;(3)教育教学知识;(4)通识性知识。

3. 教师建立良好师生关系的基本要求有哪些?

[参考答案](1)了解和研究学生;(2)树立正确的学生观;(3)热爱、尊重学生,公平对待学生;(4)主动与学生沟通,善于与学生交往;(5)努力提高自我修养,健全人格。

4. 简述班主任培养良好班风的主要措施。

[参考答案](1)发挥班主任的表率作用;(2)发挥舆论阵地的宣传作用;(3)发挥身边榜样的作用;(4)发挥任课教师和家长的作用。

5. 简述班主任了解、研究学生的主要内容。

[参考答案](1)了解和研究班级群体的主要内容。①班级成员的基本构成,如生源状况、年龄层次、性别比例等;②班级群体的学业状况,包括不同学业程度的具体情况和不同学科学业程度的具体情况;③班级群体的发展状况,如班级组织、班级规范、人际关系、班级舆论、班风、班级传统等;④班级日常行为表现,如学习习惯、课堂内外的纪律等。对于一个新组建的班级,主要是侧重于对第一项内容的把握。

(2)了解和研究班级个体的主要内容。①学生的基本情况,如性别、年龄、身体状况、兴趣爱好、个性倾向等;②学生的社会关系,如家长职业、家庭经济状况、家庭结构、家庭关系、家庭所在的社区环境等;③学生的学业和品德状况,如学习态度、学习习惯、学习性向、智能发展水平等;④学生的品德形成与社会性发展状况,如行为习惯、人际关系、人际交往方式、思想道德面貌等。

6. 简述人格形成与发展的影响因素。

[参考答案](1)生物遗传因素。①遗传是人格不可缺少的影响因素;②遗传因素对人格的作用程度因人格特征的不同而异;③人格发展过程是遗传与环境交互作用的结果,遗传因素影响人格的发展方向及改变。(2)社会因素。①家庭教养方式;②学校教育;③同辈群体。(3)个人主观因素。社会上各种影响因素,首先要为个人接受和理解,才能转化为个体的需要、动机和兴趣,才能推动他去思考与行动。另外,个体已有的心理发展水平对人格特征形成的作用会随着年龄的增加而日益增强。

7. 简述如何培养小学生创造想象的能力。

[参考答案](1)在教学中发展学生的再造想象。①要扩大学生头脑中的表象储备;②教

师要帮助学生真正弄懂描述中关键性词句和实物标志的含义;③教师要唤起学生对教材的想象,以加深学生对知识的理解和巩固。

(2)在教学中培养学生的创造想象。①要引导学生学会观察,丰富学生的表象储备;②引导学生积极思考,有利于打开想象力的大门;③引导学生努力学习科学文化知识,扩大学生的知识经验,以发展学生的空间想象能力;④注意发展学生的语言能力;⑤结合学科教学,有目的地训练学生的想象力;⑥引导学生进行积极的幻想。

8. 简述加德纳的多元智能理论。

[参考答案]多元智能理论是由美国心理学家加德纳提出来的。加德纳认为,人的智力结构中存在着七种相对独立的智力,这七种智力在每个人身上的组合方式是多种多样的,每个人在不同领域的智力发展水平是不同步的。加德纳所提出的七种智力是:(1)言语智力,包括说话、阅读、书写的能力;(2)逻辑—数学智力,指数字运算与逻辑思考的能力以及科学分析的能力;(3)视觉—空间智力,包括认识环境、辨别方向的能力;(4)音乐智力,包括对声音的辨识与韵律表达的能力;(5)运动智力,包括支配肢体以完成精密作业的能力;(6)人际智力(也即社交智力),包括与人交往并和睦相处的能力;(7)自知智力(也即内省智力),包括认识自己并选择自己生活方向的能力。

9. 简述依据遗忘规律合理组织复习的方法。

[参考答案](1)复习时机要得当。

①及时复习;②合理分配复习时间;③间隔复习;④循环复习。

(2)复习方法要合理。

①分散复习与集中复习相结合;②复习方法多样化;③运用多种感官参与复习;④尝试回忆与反复识记相结合。

(3)复习次数要适宜。

要掌握复习的量:①复习内容的数量要适当;②提倡适当的过度学习。

(4)重视对记忆品质的培养。

(5)注意用脑卫生。

10. 简述调查问卷的问题设计的基本要求。

[参考答案](1)语义清楚;(2)语句简洁;(3)面向对象;(4)价值中立;(5)避免社会认可效应。

11. 简述家校合作的途径。

[参考答案](1)家访;(2)班级家长会;(3)举办家长学校;(4)家长沙龙;(5)家长委员会。

材料分析题常考点

一、新课程改革

1.新课程改革背景下的学生观

(1)学生是发展中的人;(2)学生是独特的人;(3)学生是具有独立意义的人。

2.新课程改革背景下的教师观

(1)教师角色的转变

从教师与学生的关系看,新课程要求教师应该是学生学习的促进者。

从教学与研究的关系看,新课程要求教师应该是教育教学的研究者。

从教学与课程的关系看,新课程要求教师应该是课程的建设者和开发者。

从学校与社区的关系看,新课程要求教师是社区型的开放的教师。

(2)教师教学行为的转变

在对待师生关系上,新课程强调尊重、赞赏。

在对待教学关系上,新课程强调帮助、引导。

在对待自我上,新课程强调反思。

在对待与其他教育者的关系上,新课程强调合作。

3.新课程改革背景下的教学观

(1)教学是课程创生与开发的过程;(2)教学是师生交往、积极互动、共同发展的过程;(3)教学重过程甚于重结论;(4)教学更为关注人而不只是学科。

材料:

一天,黄老师要求学生背诵课文。才过了五六分钟,几个成绩比较优秀的学生就来找老师背诵,并得到了老师表扬。这时,小伟也要求背诵,几个同学听了哈哈大笑,因为小伟有智力缺陷,思维缓慢,说话不流畅,普通孩子用几秒钟说的一句话,他却需要一两分钟才能讲清楚,黄老师望着小伟涨红的脸,微笑着说:"好的。小伟,你来背,不着急,慢慢来。"

小伟用他那特有的发音,一字一句认真地背诵起来。5分钟过去了,小伟一字不差地背完了。黄老师激动地竖起大拇指说:"小伟,你真棒!"教室里响起了热烈的掌声,小伟的脸上露出了灿烂的笑容。

问题:

(1)结合材料,评析黄老师的做法。

(2)教师应如何对随班就读的"特殊儿童"进行教育?

[参考答案](1)材料中黄老师的做法是值得肯定和赞赏的。在对待师生关系上,新课程强调尊重、赞赏;在对待教学关系上,新课程强调帮助、引导。黄老师把小伟看成是发展中的人,认为学生具有巨大的发展潜能,遵循了以人为本的学生观。

(2)对待“特殊儿童”，教师首先应该关心、爱护、尊重他们。因为特殊儿童更需要周围人的关心；其次在教学中，教师要帮助、引导他们，多鼓励他们；最后，要因材施教、长善救失，依靠积极因素来克服他们的消极因素。

二、班级突发事件的处理

1. 班级突发事件处理的原则

(1)教育性原则；(2)客观性原则；(3)有效性原则；(4)可接受性原则；(5)冷处理原则。

2. 突发事件处理的办法

(1)沉着冷静面对；(2)机智果断应对；(3)公平民主处理；(4)善于总结引导。

材料：

一天中午，六年级学生正在操场上打篮球。突然小海和小冰打在一起，吴老师看到了这一幕，迅速走上前去，严厉地看着他们，一言不发。看到吴老师，他俩停止了打斗。吴老师说：“瞧你俩刚才的样子，好像恨不得把对方都吃了。打球时发生碰撞是很正常的，你们竟然大打出手，丢人不？我现在不追究谁对谁错，只想问一句，这件事是你们自己处理好呢，还是我处理？”他们互相看了看，说：“我们自己处理。”几分钟后，他俩言归于好，并向吴老师承认了错误。

问题：

(1)评析吴老师对学生冲突的处理方式。

(2)结合材料简述教师处理学生冲突的基本要求。

[**参考答案**](1)吴老师对班级突发事件的处理有效且富有教育机智，是值得我们学习的。具体分析如下：

①吴老师的做法尊重了学生的主体地位。材料中吴老师在面对小海和小冰打架的事情上，并没有用批评惩罚的方式教育学生，而是选择充分相信学生，将这件事的处理权交给学生，让他们自己去处理，这一做法既保全了学生的自尊心，又尊重了学生的主体地位，达到了良好的教育效果。

②吴老师的做法遵循了冷处理原则。材料中吴老师在处理突发事件时，保持了冷静、公平、宽容的心态，不急于表态和下结论，而是选择冷静地观察，让他们自觉停止打架的行为。

③吴老师的处理方式体现了教育机智。材料中吴老师在处理小海和小冰打架这件事的整个过程中，采用了合适的方法和技巧巧妙地解决了问题。

总之，吴老师能够积极、有效地处理班级突发事件，既做到了尊重学生，也达到了良好的教育效果，有助于学生成长与发展。

(2)教师处理学生冲突的基本要求如下：

①沉着冷静面对。这是处理突发事件的基础。沉着冷静面对事实，尤其在发生师生冲突时，要求教师具有很高的教育修养和心理调控能力，要豁达大度，不怕低头承认自己平时工作中的漏洞。所以教师往往要有极大的忍耐力。

②机智果断应对。要尽可能地平息事端，使当事人冷静下来，为思考进一步解决问题的办法争取时间。还可采取“转移话题，暂避锋芒”“冷处理”等方法。③公平民主处理。处理学生与学生之间的矛盾冲突时，教师应以事实为依据，依法秉公办事，要有民主意识，不偏袒班干部和优等生，也不以老眼光看人，贬低“差生”。

④善于总结引导。把处理一桩突发事件看成一次了解班级情况、教育引导学生的机会，要允许有“突发事件”的存在，善于从不良事件中找出学生的闪光点并帮助学生分析问题，寻找解决问题的办法，维护学生的自尊心。

三、作业的布置

作业的布置形式与内容要多样化，具有多选性，难度要逐步提高；要具有典型意义和举一反三的作用。

材料：

一年级二班的林老师上完《要下雨了》一课之后，设计了两项作业：(1)请你回家后把小白兔碰到的趣事讲给你最喜欢的人听；(2)你还想知道下雨前其他动物的表现吗？可以跟家人交流一下。第二天，林老师刚走进教室，学生就纷纷围住他，迫不及待地汇报作业的完成情况，还抢着说：“我好喜欢这个作业哦！”

问题：

(1)结合材料，评析林老师的作业设计。

(2)谈谈教师布置作业的基本要求。

[**参考答案**](1)①材料中林老师布置的作业形式灵活。他让学生把上课所学讲给最喜欢的人听，不再局限于平时所布置的书面作业、巩固型作业等。②材料中的林老师作业布置的很有趣味性，通过与他人进行沟通来完成作业，这有助于启发学生的思维。③材料中林老师的作业布置做到了举一反三，并且同社会生活中的实际问题紧密结合。例如通过上课所学的小白兔的故事迁移到下雨前其他动物的表现。

(2)①布置作业要有目的、有重点，作业内容符合课程标准的要求；②考虑不同学生的能力需求；③分量适宜、难易适度；④作业形式与内容要多样化，具有多选性，难度要逐步提高；⑤要求明确，规定作业完成时间；⑥作业反馈清晰、及时；⑦作业要具有典型意义和举一反三的作用；⑧作业应有助于启发学生的思维，含有鼓励学生独立探索并进行创造性思维的因素；⑨尽量同现代生产和社会生活中的实际问题结合起来，力求理论联系实际。

四、教学原则

材料：

沈老师在教《第一场雪》时，问学生：“雪景很美，谁能把它美美地读出来？他读的时候，大家闭着眼睛听，体会他能不能把你们带到那么美的雪景中去。”第一个学生读完后，沈老师问：“你们是不是感觉走到雪野中去了？”大多数学生很犹豫。沈老师笑着说：“刚走到雪野的边上,是不是?”大家都笑起来。沈老师说:“看看我能不能把大家领进去。”接着示范读了一遍,然后问:“往前走几步没有?”学生都点头说:“走了。”沈老师继续说道:“相信有同学会比老师读得更好。谁领着大家继续往前走?”……后面的学生果然越读越好。

问题:

(1)评析这一教学片段中沈老师的教学行为。

(2)结合材料谈谈沈老师是如何在教学过程中发挥主导作用的。

[**参考答案**](1)沈老师的教学体现了启发性原则,发挥了教师的主导作用,也做到了以人为本,值得我们学习。

①启发性原则是指在教学活动中,教师要调动学生的主动性和积极性,引导他们通过独立思考、积极探索,生动活泼地学习,自觉地掌握科学知识,提高分析问题和解决问题的能力。材料中沈老师在教学过程中注意调动学生的学习主动性,引导他们独立思考,积极探索,生动活泼地学习,体现了启发性教学原则。

②教师是教学活动的领导者、组织者。材料中沈老师在教学过程中,一步步引导学生理解课文内容,体悟《第一场雪》这节课,充分发挥了教师的主导作用。

③以“学生为本”是“以人为本”的理念在学校教育中的具体体现,也是教育的价值追求所在。它强调了学生的主体地位,要求教师尊重学生,关爱学生,充分发挥学生的主动性,为学生提供适合的教育。材料中沈老师在教学过程中充分尊重学生,以学生为本,并在学生读课文发挥不是特别好的时候,采用幽默的方式鼓励学生,体现了“以人为本”的教育理念。

(2)教师主导作用具体表现在:教师的指导决定着学生学习的方向、内容、进程、结果和质量,起引导、规范、评价和纠正的作用。教师的教还影响着学生学习的方式以及学生学习主动性的发挥,影响着学生的个性以及人生观、世界观的形成。材料中沈老师在教学中引导学生自己读课文,发挥想象体悟雪景的美,并在学生读的不是很好的时候,以幽默的方式鼓励学生,示范读了一遍课文。在沈老师的示范鼓励下,后面的学生果然越读越好。这改变了学生的学习方向、内容、进程、结果和质量,影响着学生学习的方式以及学习主动性的发挥,这都是教师主导作用的体现。

教学设计题常考点

小学语文教学设计模板

一、教学目标设计

1. 知识与能力：学生会读×××字，能规范地书写×××词，能有感情地/流利地朗读课文（并背诵喜欢的部分）。

2. 过程与方法：学生通过小组讨论/以读促悟过程，形成/培养×××能力。

3. 情感态度与价值观：学生能意识到×××乐趣/重要性，树立×××价值观，激发对×××学科的喜爱之情。

二、教学重难点设计

1. 教学重点：学生会读会写重点词语，体会作者所表达的感情。

2. 教学难点：如何锻炼学生流利地朗读课文的能力，激发×××的兴趣。

[**设计理由**]

×年级学生/×学段学生思维活跃，求知欲强，喜欢动手、动脑，有很强的好奇心和探索欲望。因此在教学中我抓住这些特点让他们通过动眼观察、动手操作、动脑分析归纳等来理解所学知识。

三、教学过程设计

1. 课堂导入

（1）多媒体导入：为学生们呈现景色的图片、视频。

同学们，在正式上课之前，老师首先请大家欣赏几幅美丽的图片/一段视频，（展示图片或视频后询问）大家觉得美不美？大家知道这是哪里吗？我带领大家一起来认识美丽的×××。

（2）设疑导入：设置疑问引发学生思考。

同学们！老师今天将介绍一位神秘的“嘉宾”给大家，她来自神奇的大自然，那么她是谁呢？神秘在什么地方呢？现在就让我带领大家一起去揭开她神秘的面纱……

[**设计理由**]根据小学生的心理发展特点，创设一个活泼有趣的情境，贴近生活，引发学生的学习兴趣，为学习新课程打下基础。

2. 新课讲授

（1）初读课文，扫清障碍

学生自主阅读全文，找出本文中的生字词，借助字典查出文中生字词的读音，并由教师范读、范写文中“×××”等生字词。

（2）细读课文，了解文章布局

学生自主划分段落，归纳出每一部分所要表达的主要思想。

(3)精读课文,把握写作特点

①分组讨论每段的中心思想,并请每组的学生代表回答,老师进行点评。

②找出课文中所用的表现手法,并说说这种表现手法好在哪里。

(4)再读课文,感悟体会

请全班同学齐声朗读全文,跟着作者的脚步再次回顾×××的特点。

3. 巩固练习

根据课文内容为学生设置问题或请学生完成本节课课后练习。

4. 归纳小结

教师首先请一位同学总结本节课的主要内容,然后教师进行补充、归纳,结束本课。

小学数学教学设计模板

一、教学目标设计

1. 知识与技能目标

(1)学生能够理解×××的算理。(低年段)

(2)学生能够知道×××竖式中各部分的名称,并理解×××竖式中每个数的含义。(低年段)

(3)学生会按照×××的特征对×××进行分类。(中年段)

(4)学生能够理解并掌握简单的求×××的方法及其意义的应用。(中年段)

(5)学生能够理解×××的意义,掌握×××的用法。(高年段)

2. 过程与方法目标

通过小组合作交流讨论,理解×××在生活中的应用,能够解决一些简单的数学问题。(低年段)

通过观察、分类、测量等活动,经历认识×××的过程,提高动手操作能力,发展初步的空间观念(空间想象能力)。(中年段)

通过交流、讨论、辨析等活动,培养独立思考、抽象概括的能力。(高年段)

通过对比和分析,理解×××与×××的区别和联系。(高年段)

3. 情感态度与价值观目标

通过对×××的探索,学生的数学兴趣(学习数学的兴趣/积极性)得以提高(增加),能够进一步体会数学来源于生活并服务于生活(数学与生活的密切联系/数学的美/图形的美),培养事物间是普遍联系的辩证唯物主义观念。

二、教学过程设计

1. 课堂导入

(1)多媒体导入:为学生呈现图片、视频

同学们,在正式上课之前,老师先请大家欣赏几幅图片/一段视频,(展示图片或视频后询问)大家通过观察能发现这些图形都有哪些共同特征吗?嗯,都是×××的。今天我带领大家一起来认识×××。

(2)问题导入:提问引发学生思考

同学们!×年级×班的男女生进行踢毽子比赛,男生四人,女生五人,成绩分别为×××,×××,我们能帮助他们判断男生队和女生队哪个队的成绩更好吗?(看同学们都在摇头)没关系,这就是我们这节课要讲授的新知识——×××。

(3)复习导入:复习旧知为新知学习做铺垫

(出示卡纸,由估算长方形的面积来学习平行四边形面积的计算)同学们,这是一个×××,它的×××大约是多少?谁能利用我们之前学过的方法估算一下?你是怎么估的,请上来验证一下。

(学生展示思路)×××,那么×××的面积就是长乘宽。

2. 新课讲授

(1)知识铺垫/以旧引新

①老师展示素材,学生根据实际情况,提炼出数学问题。

②老师通过提问等方法引导学生利用已有的知识猜想新问题的解决方法。

(2)选择方法,验证猜想

①学生分组合作、交流讨论,利用手中的学具探索、验证猜想。

②老师在巡视的过程中给予适当的指导。

(3)深入辨析,推导公式/理论

①老师带领全班同学深入辨析,沟通不同验证法的联系,引发学生总结其共同特点。

②教师适当引导,深化学生对公式或算理算法等内容的理解。

3. 巩固练习

要求学生板演、在练习本上完成教师展示的变式题目,利用本节课的知识解决实际问题,培养分析问题的能力,并规范学生的计算步骤,帮助学生养成细心认真的习惯。

4. 归纳小结

老师带领全班同学分享本节课的收获,包括知识点及数学思想。

小学英语教学设计模板

一、教学目标设计

Knowledge aims:

1. Students can read the new words…correctly.

2. Students will be able to get the meaning of the new words and write them down.

3. Students will master the new words and sentences:…

4. Students can learn the pronunciation of the…

5. Students will understand the general/main idea of the passage.(高年段)

6. Students will get the principle of V-ing.(高年段)

Ability aims:

1. Students can use the new words to make sentences.

2. Students will be able to talk about…by using the sentence pattern.

3. Students can pronounce new words through the spelling regulation.

4. Students will improve their reading skills by skimming and scanning the passage.(高年段)

5. Students can communicate with others in given situation.

Emotional aims:

1. Students will be interested in learning English.(万能语言,如果实在找不到合适的情感态度与价值观目标,写上这句准没错)

2. Students will feel the beauty of the nature and love it.

3. After learning the scientists' careers, students will know more about their hard working and learn from them.

4. Students will take care of their parents/pets/animals.

二、教学过程设计

1. Create a proper situation, leading in the new lesson

(1)Method 1 Teaching aids (pictures or video)

eg:OK guys, before we start the lesson, please look at the PowerPoint. Here, do you know this person? Yeah,she is ×××. Do you like her? Me too. So today, let's learn more about her…

(2)Method 2 Asking questions

eg:Boys and girls, today, I will introduce a special guest to you. "She" comes from the nature. Guess who "she" is, and why it's special. Let's see together…

(3)Method 3 Discussion/Free talk

eg:Boys and girls, where have you been this summer vacation? Wow, so many beautiful places! Please introduce what you saw and your feelings to your partner. You will have 3 minutes to talk about it…

2. Presentation

(1)Listen for the first time

①Students scan their textbooks while listening, and try to find out the main idea.

②Teacher guides them to understand the main topic of the dialogue.

(2)Listen for the second time

①Teacher introduces the background or situation of the dialogue, and points out the new words in the dialogue and explains them briefly.

②Students listen to the passage again and understand the whole passage.

③Students answer some detailed questions. They are asked to refer to the dialogue if necessary.

3. Practice/Consolidation

(1)Students are asked to show the dialogue with their partners.

(2) Teacher will help to correct their pronunciation.

4. Summary

Students are guided to summarize the sentences learned in this class.

5. Homework

Students will finish…after class.

小学音乐教学设计模板

一、教学目标设计

知识与技能目标：

(1)在聆听的过程中，能够感受×××(某一乐器)多变的音乐色彩。

(2)在聆听的过程中，能够感受作品整体音乐情感的起伏与变化。

(3)在学唱的过程中，能够将×××(如十六分音符、切分、附点等节奏型)处理得准确到位，且不拖拍子/抢拍子。

(4)在学唱的过程中，能够唱出×××(力度记号/速度记号/表情术语)，恰到好处地处理歌曲的细节。

(5)通过多次聆听与练习，能够背诵第一段歌词。

(6)在学唱的过程中，能够用优美的声音，自信地演唱×××(歌曲名)。

过程与方法目标：

通过对作品的×××(聆听/学唱)，感受、体验作品音乐×××(情绪/风格)特征的表达。(低年级段)

通过聆听、演唱、探究等活动，能够感受作品的音乐情绪，理解、想象乐曲的表现内容，从而提高音乐鉴赏能力。(中年级段)

情感态度与价值观目标：

通过聆听×××(歌曲/乐曲)，了解×××(我国/西方)优秀音乐文化，从而培养对×××(民族/世界)音乐的兴趣与爱好，进而增进民族文化意识和民族自豪感(或拓宽音乐视野)。

二、教学过程设计

1. 导入新课

直观导入：为学生们呈现视频、音频、图片。

同学们，又来到了我们快乐的音乐课堂。今天老师想带大家去一个地方，请你们闭上自己的小眼睛，听！(一段音频，如海浪、海风的声音等，之后询问)大家刚才都听到了什么？感受到了什么？今天老师就带领大家一起去×××。

问题导入：提问引发学生思考。

同学们！一说到我们国家的少数民族，大家都能想到什么？(教师可以做动作提示，如扭肩等，待回答出与歌、舞相关的内容之后询问)他们的音乐又有什么特点呢？现在就让我们一起来学习、了解一下少数民族的音乐文化……

故事导入:为学生讲与本节课相关的小故事。

[设计理由]

根据小学生的心理发展特点,创设一个活泼有趣的情境,贴近生活,引发学生的学习兴趣,为学习新课打下基础。

2. 新课讲授

(1)初听作品,感受旋律

教师引导学生,从作品旋律走向等方面,感受作品的音乐情绪。

(2)复听作品,体会内容

在教师的引导下,请学生结合歌词/简谱聆听作品,感受、思考作品所要表达的内容。

(3)再听作品,学唱歌曲

教师示范,学生哼唱,一起处理谱中的重难点,分组练习、展示,教师点评。

3. 巩固提升/拓展

要求学生根据本节课所唱作品的旋律编配新的节奏型,或要求学生表演作品中的故事情节。

4. 小结作业

老师带领全班同学回顾本节课重难点,并歌唱作品。最后布置相关作业。

小学体育与健康教学设计模板

一、教学目标设计

1. 知识与技能目标

通过教师的引导,了解到×××的重要性及动作要领,提高运动兴趣;通过学练,了解×××的动作结构,理解×××的重要性,掌握×××的动作要领。

2. 过程与方法目标

通过小组合作讨论、练习等方法,×××的学生初步掌握×××的技术动作,提高×××的能力,发展力量、速度、协调等身体素质,通过模仿、游戏练习的方法发展×××力量。

3. 情感态度与价值观目标

通过小组合作等形式的探究、配合练习,意识到自己身体素质上的不足,对×××运动兴趣进一步升华,形成积极向上、团结合作的团队精神,养成团结协作、机智果敢、勇于拼搏的意志品质,养成终身体育的意识和习惯。

二、教学重难点设计

1. 教学重点

掌握×××运动项目的动作要领并理解其重要性。

2. 教学难点

教学难点的设计一般会涉及具体运动项目的具体动作技术和技术要领,因此考生要深入了解并熟悉运动项目的具体动作技术和要领。

三、教学步骤设计

(1)利用挂图图示法教学,让学生先试图模仿。

(2)教师讲解、示范×××的练习方法,讲解易犯错误。

(3)组织学生练习。

(4)教师巡回指导,用语言激励学生,纠正易犯错误。

(5)组织学生展示。展示后发现难点,部分学生×××能力较差,安排专门练习后再分层练习。

(6)分层次指导学生。(重点指导学习较为困难的学生)

小学美术教学设计模板

一、教学目标设计

1. 知识与技能目标

(1)认识×××造型,并且能灵活表现形态各异的×××作品。

(2)学习色彩的视觉规律,了解对比色产生的视觉效果。

(3)学习×××的结构,了解能够利用什么材质、造型、色彩制作×××。

(4)了解×××的特征,能够使用流畅、简洁的线条画一张生动、形象的画。

(5)了解不同色彩,认识×××的形状,掌握线条的疏密变化。

2. 过程与方法目标

(1)通过思考与实践,掌握×××的基本表现方法/大胆表现独具个性的×××作品。

(2)通过欣赏艺术作品,培养审美能力/观察分析能力/动手操作能力。

3. 情感态度和价值观目标

通过美术活动的学习,培养热爱大自然的情感/激发学习美术的兴趣/养成热爱生活、细心观察的生活习惯/体会生活和艺术的联系。

二、教学过程设计

1. 课堂导入

直观导入:为学生呈现景色的图片、视频。

同学们,在正式上课之前,老师先请大家欣赏几幅美丽的图片(一段视频),(展示图片或视频后询问)这幅作品给你什么样的感受?你想创作一幅这样的作品吗?今天我们一起来学习×××。

情境导入:学校要组织一次美术比赛。

同学们要画出一幅好看的作品去参加比赛,今天就跟老师一起学习新课×××,画一幅漂亮的作品去参加比赛吧。

2. 新授环节

(1)欣赏作品。①请同学们欣赏画面并谈感受。②引导学生从造型、结构、色彩等方面对作品进行赏析。

提问:这幅作品给你什么感受?/这幅作品从×××观察,你有什么发现?

点评:这位同学观察得真仔细,有双善于发现的眼睛。

(2)小组讨论。①请同学们分成×××一组,围绕×××问题进行讨论。②教师和学生一起总结×××。

教师:老师将学生分成4个小组,讨论5分钟,讨论结束后由小组代表发言。大家积极讨论,为自己的团队贡献自己的一份力量。

过渡语:看到同学们讨论得热火朝天,想必收获颇丰,那咱们一起来交流一下吧。

提问:这位手举得最高的同学来回答这个问题。

点评:声音真洪亮,一看就是个自信的学生。

提问:靠窗扎马尾的女生来回答。

点评:这位同学回答得真全面,一看专业基础就很扎实。

(3)教师示范

教师边示范边讲解绘画/创作步骤。

教师:下面老师将边示范边讲解,请同学们仔细听仔细看,注意×××(本课学习到的美术知识)。

3. 课堂练习

教师:看到同学们都已经跃跃欲试了,那咱们就自己动手创作一幅作品吧。在创作的过程中,老师会巡回指导,有问题及时问老师,我将和大家一起解决。(教师提出要求)

4. 展示评价

教师:老师看到大家都把画笔放下了,咱们分成4个小组,首先在组内介绍自己的作品,然后相互评价,最后推选出小组优秀作品,大家一起进行赏析。

5. 小结拓展

围绕着本课内容,请学生课后借助互联网等查阅资料或布置其他开放型作业。

考题示例

请认真阅读下列材料,并按要求作答。

火烧云

晚饭过后,火烧云上来了。霞光照得小孩子的脸红红的。大白狗变成红的了。红公鸡变成金的了。黑母鸡变成紫檀色的了。喂猪的老头儿在墙根靠着,笑盈盈地看着他的两头小白猪变成小金猪了。他刚想说:"你们也变了……"旁边走来个乘凉的人对他说:"您老人家必要高寿,您老是金胡子了。"

天上的云从西边一直烧到东边,红彤彤的,好像是天空着了火。

这地方的火烧云变化极多,一会儿红彤彤的,一会儿金灿灿的,一会儿半紫半黄,一会儿半灰半百合色。葡萄灰、梨黄、茄子紫,这些颜色天空都有。还有些说也说不出来、见也没见过的颜色。

一会儿，天空出现一匹马，马头向南，马尾向西。马是跪着的，像等人骑上它的背，它才站起来似的。过了两三秒钟，那匹马大起来了，腿伸开了，脖子也长了，尾巴却不见了。看的人正在寻找马尾巴，那匹马变模糊了。

忽然又来了一条大狗。那条狗十分凶猛，在向前跑，后边似乎还跟着好几条小狗。跑着跑着，小狗不知哪里去了，大狗也不见了。

接着又来了一头大狮子，跟庙门前的石头狮子一模一样，也那么大，也那样蹲着，很威武很镇静地蹲着。可是一转眼就变了，再也找不着了。

一时恍恍惚惚的，天空里又像这个又像那个，其实什么也不像，什么也看不清了。必须低下头，揉一揉眼睛，沉静一会儿再看。可是天空偏偏不等待那些爱好它的孩子。一会儿工夫，火烧云下去了。

檀盈凶庙惚

根据上述材料完成下列任务：

(1)简析这篇课文的写作特点及教学价值。

(2)如指导三年级学生学习本文，试拟定教学目标。

(3)依据拟定的教学目标，设计第3~6自然段的教学。

[**参考答案**](1)①写作特点：本文在描写时注意抓住火烧云五彩缤纷的颜色和变化无穷的形状，来表现火烧云美丽奇幻的特点。写霞光，抓住了“红”的特点；写火烧云的颜色及颜色的变化，抓住了“多”“快”的特点；写火烧云的形状及其变化时，也抓住了“多”“快”的特点。作者还运用了排比的修辞手法，对当时的景象展开丰富的想象，把对事物的静态的和动态的描写结合起来，写得形象生动，给人以深刻的印象和强烈的感染，表达了作者对大自然的喜爱和赞美之情。

②教学价值：《义务教育语文课程标准》(2011年版)第二学段“阅读”目标指出：“积累课文中的优美词语、精彩句段，以及在课外阅读和生活中获得的语言材料。”《火烧云》是一篇非常优美的写景之作，作者以多个不同构词形式的词语和排比的修辞手法勾画了一幅绚丽多姿的火烧云图景，描写了火烧云的全过程，渲染了红霞飞舞、瞬息万变、目不暇接的奇妙景观。该课文可以使三年级的学生感受文章的语言美，激发学生的想象，使学生在阅读中积累课文中的优美词语和精彩句段，达成第二学段的课程目标。

(2)教学目标

知识与技能目标：会认、会写课后要求的生字词；积累描写颜色的词语。

过程与方法目标：通过有感情地朗读课文，理解课文内容，在朗读中想象火烧云的奇异景象，体会火烧云的特点，体会作者赞美自然景象的心境。

情感态度与价值观目标：感受火烧云的景色美，培养热爱大自然的思想感情；学习在仔细观察的基础上展开想象来描写景物的表达方法。

(3)教学设计

①学习火烧云颜色变化的部分

A. 自由朗读第三段，说说火烧云有什么变化。(颜色变化、形状变化)

a. 你从天空中找到了哪些颜色？你有什么感觉？(颜色真多呀)

b. 这么多的颜色，怎样把它印在脑海中呢？试着把这些颜色分分类，说说为什么这样分。(红彤彤、金灿灿；半紫半黄、半灰半百合色；葡萄灰、梨黄、茄子紫)"葡萄灰""梨黄""茄子紫"这三种颜色，能不能分别用"像……一样的……色"这句话描述一下？

c. 天空中是不是只有这些颜色？你是从哪句话中看出来的？那么我们试着说说这些说也说不出来、见也没见过的颜色。除了用"葡萄灰""梨黄""茄子紫"这种带比喻的形式来说，你还能用其他几种形式来说说天空中的颜色吗？

d. 天空中这么多的颜色交织在一起，多美呀！能不能用恰当的词语概括出火烧云颜色变化之多呢？

e. 再读读这段话，比一比谁能读出作者对火烧云的赞美之情。(学生齐读、指名读，教师适当引导、点拨)

f. 火烧云颜色除了多这个特点外，还有什么特点？(变化快)你是从哪里看出来的？(四个"一会儿")你能用这四个"一会儿"再仿写一个句子吗？试着写一写。

B. 过渡：火烧云色彩如此缤纷，那它的形状变化又是怎样的呢？

②学习火烧云形状变化的部分

A. 默读描写形状变化的部分，小组讨论，说一说形状变化有什么特点。(多、快)

B. "一会儿，天空出现一匹马"，这马的样子是怎样的？它是怎样变化的？它又是怎样消失的？(教师引读)

C. 你觉得第四段什么地方写得好？为什么？

(引导学生体会作者丰富的想象力以及表达形象的生动性、描写情景的趣味性)

D. 指导朗读：谁能把这种有趣的情景用朗读表达出来？

E. 读读"大狗""大狮子"的部分，你觉得哪里描写得也很有趣？(重点让学生体会"那条狗十分凶猛……大狗也不见了"的生动情景美和"跟庙门前的石头狮子一模一样……很威武很镇静地蹲着"的形态美)

F. 把自己觉得最有趣的情景有感情地读给同桌听听。

G. 你觉得天空中还会出现怎样的情景？请你学着作者的写法，按照"出现(样子)—变化—消失"的顺序把你的想象写下来，写完后小组之间互相交流。

H. 火烧云形状的变化是这样多，这样快，你能用一个词语来概括吗？

I. 火烧云的形状如此有趣，谁想用朗读带着同学们再去享受一番？(指名读)

图书反馈

重磅！真题重奖征集！

凡提供当年度考试真题者，均可获得现金奖励。具体请联系QQ:3232490489。

（温馨提示：所提供真题须是当年度考试真题，且真实有效。最终解释权归山香教育所有）

亲爱的考生：

感谢您对山香教育的信任和支持，您的建议是我们前进的动力！为进一步提高图书质量，我们特向全国各地的考生开展有奖反馈活动。

图书反馈链接

1.凡提供山香图书的错题反馈者，均能获得价值99元的山香网课《高频考点》（基础版）大礼包1份。

2.凡提供反馈项目者，可获得价值299元的山香网课《高频考点》（豪华版）超级大礼包1份。

3.我们从意见被采纳人员中每月抽取幸运者2名，各奖励价值1380元的山香网校网课大礼包一份。

¥99
大礼包

¥299
超级大礼包

反馈项目

姓名：　　　　专业：　　　　报考地区：

手机号：　　　　QQ号：

1.您认为图书中可以增加哪些模块或内容，有助于您的学习？

2.您对本书的印刷、装订、封面有何意见和建议？

3.结合山香现有图书和考情需要，您还需要哪些形式的备考资料？

联系方式：400-600-3363　　研发部QQ：1831595423

招教网：http：//www.zhaojiao.net　　山香网校：http：//www.sx1211.cn

图书订正链接